中国教科书理论　　　　　　）

石　鸥／主　编

国家出版基金项目
NATIONAL PUBLICATION FOUNDATION

教科书管理学

刘学利／著

SPM 南方传媒

全国优秀出版社
全国百佳图书出版单位

广东教育出版社

·广　州·

图书在版编目（CIP）数据

教科书管理学／刘学利著. -- 广州：广东教育出版社，2024.12. --（中国教科书理论研究丛书／石鸥主编）. -- ISBN 978 - 7 - 5548 - 7068 - 6

Ⅰ . G423.3

中国国家版本馆 CIP 数据核字第 2024N8L857 号

教科书管理学

JIAOKESHU GUANLIXUE

出 版 人：朱文清
丛书策划：李朝明
项目负责：林 蔺
责任编辑：杨冰然　杨龙文　黄子桐　巢琳
责任校对：窦咏琦
责任技编：许伟斌
装帧设计：陈宇丹
出版发行：广东教育出版社
　　　　　（广州市环市东路 472 号 12—15 楼　邮政编码：510075）
销售热线：020 - 87615809
网　　址：http://www.gjs.cn
E-mail：gjs-quality@ nfcb.com.cn
发　　行：广东新华发行集团股份有限公司
印　　刷：广东信源文化科技有限公司
　　　　　（广州市番禺区大龙街竹山工业路 57 号）
规　　格：787 mm×1092 mm　1/16
印　　张：12
字　　数：135 千
版　　次：2024 年 12 月第 1 版
　　　　　2024 年 12 月第 1 次印刷
定　　价：88.00 元

序

一

　　没有人会怀疑"书籍是人类进步的阶梯"，而这个"阶梯"中最基础、最坚实的那一部分便是教科书。与高头讲章相比，孩童手捧的小课本似乎是微不足道的，但小课本却有大启蒙、大学问。课本虽小，却能培根铸魂、启智增慧。习近平总书记指出，要大力"培养能够担当民族复兴大任的时代新人"。而教科书正是培养时代新人最重要、最直接、最影响深远的工具。它体现国家意志，承载优秀文化成果；它传播科学知识，打开每个人心灵的窗户；它凝心聚力，培育代代新人，为民族复兴注入持久而深沉的力量。可以说，有什么样的教科书，就有什么样的年轻人，也就有什么样的国家未来、民族未来。同样地，我们想要什么样的年轻人，想要什么样的国家未来、民族未来，就要建设什么样的教科书。教科书是"小课本"，但"小课本"却关乎国家大事。

　　石鸥教授从 20 世纪 90 年代起就对教科书产生了浓厚的兴趣，边收藏边研究，执着地走到今天，所藏教科书已具博物馆规模，研究团队日益壮大，研究成果不断涌现。2015 年，鉴于教科书研究的重要性以及石鸥教授带领的团队在教科书研究上的成果和优势，我所在的教育部基础教育课程教材发展中心与首都师范大学合作，联合成立了"中国基础教育教科书研究与评价中心"，致力于研究基础教育教科书发展和评价中的理论与现实问题。多年来，首都师范大学教科书研究成果丰硕，影响力日益扩大。

摆在读者面前的这套"中国教科书理论研究丛书"，既是石鸥教授团队的又一重要成果，更是理论研究对教科书实践的积极回应，是教科书建设的"及时雨"。该丛书不仅把教科书理论推上了一个新高度，也为该领域的一些现实关切和争议的问题提供了专业、科学的解答思路。该丛书的面世对于提升我国教科书研究的理论水平具有重要意义。该丛书分为两辑，此前我为之作序的第一辑已经出版，一经面世就深受好评，屡获重要奖项；本次出版的是第二辑。在第二辑中，研究者将从文化学、心理学、管理学、编辑学、传播学、技术学、评价学等理论视角和专题领域切入，进一步丰富教科书理论体系，回答教科书实践问题。有理由相信，这套"中国教科书理论研究丛书"将推动我国教科书研究迈上一个新台阶。

恩格斯指出，"一个民族要想站在科学的最高峰，就一刻也不能没有理论思维"。当前，我国教科书建设亟须理论支持。在某种意义上，教科书理论已经严重滞后于教科书实践，教科书实践正在不断倒逼教科书理论研究。如何评判一本教科书的质量？如何通过教科书培养能够担当民族复兴大任的时代新人？如何提高教科书质量以满足人民群众对更高水平、更加优质教育的期盼？如何在教科书中处理好本土化与国际化、政治性与科学性、传承与创新、教与学的关系？这些问题在理论上都没有得到很好的解释与解决。尤其是，如何增强中国自己的教科书话语能力（从长远来看，教科书话语能力体现的是国家教育实力与教育科学实力），如何构建以中国话语说中国经验的具有中国特色、中国气派的"教科书学"等，已经成为我们这一代教科书研究者的时代使命。

这是一个需要教科书理论、呼唤教科书理论的时代。

教科书研究者任重道远。

田慧生　首都师范大学教授

2024 年 3 月

序
二

一

　　教科书应该是世上最珍贵的文本，也是最深入浅出、通俗易懂的文本。它是人类知识的精华，对读者的影响深刻而持久。莫言对此是有感受的："让我收益最大的是上个世纪（20 世纪）50 年代末 60 年代初期，我大哥家中留下很多中学语文教材，每逢雨天无法下地，我便躲到磨坊里去读这些课本……这些教材虽然很薄，但它们打开了农村少年的眼界……对中学语文教材的阅读让我受益终生。"

　　美国学者多伦曾感叹道："这个国家若没有教科书是难以想象的……教科书是基础或根基的东西。"① 著名学者托马斯·库恩认为，"任何一门科学中第一个范式兴起的附带现象，就是对于教科书的依赖。"② 实际上，不仅学科发展离不开教科书，个人发展更与教科书息息相关；不仅每个人的大部分科学知识、人文社会知识的获取离不开教科书，甚至我们的世界观、人生观、价值观的获得，都直接受教科书的影响。

　　大量优良的教科书培养了人的良知，唤醒了人的渴望，引导人们向善

① 瞿葆奎. 教育学文集：课程与教材：下册[M]. 北京：人民教育出版社，1993：113.
② 库恩. 科学革命的结构[M]. 金吾伦，胡新和，译. 北京：北京大学出版社，2003：85.

向上。

重视教科书研究，是为了提升教科书质量，其终极意义是这一特殊文本能使读者有更良善的发展。教科书对学生的影响是最直接、最深远的。所以，我们必须擦亮眼睛——孩子们的未来与此时此刻正在读的教科书息息相关！

重视教科书研究，是为了让这一独特文本繁荣。真正的教科书文本繁荣，应有强大的学术评论或学术批评作为支撑。我国教科书文化的不发达，与教科书评论的缺席或教科书研究的弱势息息相关。必须承认，目前教科书研究进展还是比较缓慢的，它在独立、自成系统方面并未取得突破性进展，没有产生有突破性意义的新方法，还不能圆满回答教科书实践中的许多重要问题。这或许可以归因于我们关注得太晚、努力得不够、研究角度不恰当，也或许可以归因于教科书太复杂、涉及的学科太多，等等。

重视教科书研究，就是要打造一个关于教科书、教科书史、教科书作者、教科书读者、教科书理论、教科书实践的对话场域，进而构建教科书评价体系，或直白地说——构建教科书学。教科书学的构建是一项相对独立的研究活动，在我国，这是几近原始的处女学术领域。近十余年，有赖于一批同道中人不离不弃地辛勤耕作，教科书学的构建具备了基础条件，时机正在逐步成熟。

教科书学建构时机趋于成熟有几个标志：一是基本完成了严格意义上的中国教科书发展历史的梳理，基本搭建了教科书主要理论视野的分支框架；二是逐步实现了教科书研究从编书经验、教书经验向教科书理论的转换，使教科书研究从教材编写论、教师备课论中走了出来，逐渐自立门户；三是形成了相对系统的知识话语体系和相对稳定的学科结构形态；四是初步实现了教科书理论的专业化转变，有稳定的研究领域、实体对象、结构规模、品牌作品，有广泛的社会、学术、教育和意识形态效应，具有其他学科所不可替代的价值；五是产生了一批有关教科书研究的书籍，有了自己相对稳定的研究平台。当然，根本标志是教科书已成为被高度重视的研究对象，教科书研究已成为一批学者终身的学术事业。

从教育科学的学术发展轨迹来看，21 世纪以来，时代的变革与学术视野的拓宽，尤其是基础教育课程改革的推进，成就了课程教学理论研究的空前繁荣。学校课程及其主要载体——教科书的研究，开始由学术边缘向学术中心移动。近年来，教科书研究逐渐成为整个教育学领域生长最快、最受关注的热点领域之一。这一现象反映了教育科学学术共同体的变化轨迹。

教科书研究逐渐成为新时期教育科学研究的新天地，这意味着学界对教科书文本是学生成长最重要的文本材料的普遍认同。这是学界视野与思维得以拓宽的一种表现，是教育科学学术共同体的一大进步。

当然，对教科书的研究，很难完全归入教育学现有学科领域，虽然教育学在这里是主力。对教科书这个客体的研究，主要涉及教育学，同时也涉及历史学、文化学、社会学、政治学、语言文字学，还涉及物理学、化学、地理学、心理学、伦理学、出版学、传播学、管理学、美学、音乐、美术、体育学等各个学科。我们高兴地发现，有历史学家、文学家，甚至有科学史专家、美术领域的专家，都表现出对教科书研究的高度兴趣。这种跨学科研究的发展是 21 世纪以来中国社会科学特别是教育学领域最令人瞩目的地方，由此构建的教科书研究学术共同体，也值得学界高度关注。

教科书研究是无尽的，教科书文本和教科书现象，永远都有可供研究之处。教科书研究进入学术殿堂并成为严谨的省思决断对象，是学术界可圈可点的事。虽然以前有零散的研究，但对教科书真正系统地、有规模意义地研究，还是 21 世纪以来的事。在 20 世纪 90 年代末关于教科书研究的硕博士论文只有寥寥几篇，到最近几年，每年与教科书研究相关的硕博士论文已经超过千篇，试问哪个学术领域有这么快的跃升？不那么谦虚地说，我们团队在推动这一进展方面发挥了积极的引领作用，和全国同仁一道，兢兢业业，不彷徨，不犹豫，执着往前走，终于迎来了可喜的局面——教科书研究领域已日渐开辟出一片新天地，教科书研究的理论特色日渐凸显，以中国话语说中国教育，具有中国特色、中国气派、中国风格的教科书学的新时代正在到来。

二

教科书是有使命的！从事教科书研究也是有使命、有担当的。因为从一定意义上说，有什么样的教科书，就有什么样的年轻人，就有什么样的国家和民族的未来。

教科书学是有责任的！从某种意义上说，它是经世之学。它必须为学生的学习承担责任，这种责任基于两种重要的考虑：一是为了学生的当下，即每日每时的学习自觉和身心成长；二是为了学生的未来，同时也是民族和人类的未来。

基于这一使命和担当，也基于构建教科书学的目的，多年来，我们借助教科书丰富的藏品，在对教科书的近现代发展史进行了系统而卓有成效的梳理后，一刻也没有停歇地把精力转向对教科书现实问题的系统理论探究上，旨在为教科书的重大现实问题提供理论解析，同时为教科书学的建构提供基本的分支理论体系和重要的学术基础。

"中国教科书理论研究丛书"站在新的学术起点上，通过加强教科书研究共同体建设来深化教科书研究，借鉴政治学、经济学、社会学、历史学、文化学、美学、哲学、管理学、传播学、生态学、语言学等学科理论精华，打破不同学科理论的界限，自觉构建教科书研究的本体论、认识论、方法论体系，力求从基础上推动教科书研究的发展和创新，为教科书学的建立构建基本框架。

该理论丛书分两辑，第一辑包括《教科书概论》《教科书美学》《教科书语言学》《教科书生态学》和《教科书研究方法论》，已经于2019年底出版。其一经面世就产生了良好的社会影响，已获得多个重要奖项。即将出版的第二辑包括《教科书文化学》《教科书心理学》《教科书管理学》《教科书编辑学》《教科书传播学》《教科书评价学》《教科书技术学》。

《教科书文化学》借鉴文化学的原理与方法，结合教科书文化的研究与实践，揭示了教科书与文化的关系，阐述了教科书的文化传承与创新功能，以及文化冲突对教科书产生的影响，从多个维度探讨了教科书编写过程中的文化观念、教科书内容确定过程中的文化优选和重组、教科书使用过程中的文化意识，旨在拓展教科书研究领域，促进教科书文化研究的深化以及教科书理论的创新与发展。

教科书引领学生培养健全人格，养成核心素养，追求真、善、美。教科书应该也必须考虑学生的心理发展因素。从心理学视角剖析教科书，教科书是不断契合学生心理发展规律的文本存在。《教科书心理学》主要审视教科书文本中的心理学要素，并探析这些心理要素被设计编写进教科书的原因及方式，通过对教科书的深入分析，将暗含于其中的心理学理论或规律挖掘出来，阐释教科书知识的心理学价值，促进教科书质量的提升。

《教科书管理学》一书旨在通过全面、系统地探讨教科书管理的理论和方法，推进教科书管理的科学化和规范化，提升我国教科书管理的水平，以期促进教科书研究（教科书学）成为一门独立学科。

编辑活动是教科书质量保障的生命线。《教科书编辑学》围绕教科书编辑的历史、原理、政策、编辑方式、编辑素养等方面的基础问题，初步建构了教科书编辑学的基本框架，系统呈现了教科书编辑活动的发展过程和具体要求。教科书编辑合理吸纳教学智慧、充分符合教学特性，是推动教科书育人价值更好地转化为立德树人实际成效的必然路径。信息时代，万物互联，教科书编辑应主动拥抱科学技术创新成果，及早布局教科书数字化和数字教科书发展。

《教科书传播学》将教科书视为一种传播媒介。学生不仅是教科书传播的对象，也是教科书传播的主体，更是衡量教科书传播效果的标尺。随着网络新媒体时代的到来，新时代教科书建设需要新的舆论支持，依据传播规律，运用融媒体，整合多种社会因素说服人、打动人、感染人。

什么是高质量的教科书？什么是好的教科书？教科书评价是按照特定目标和程序，对教科书进行价值判断的过程。教科书评价对于提高教科书建设质量具有非常重要的意义和价值。《教科书评价学》聚焦教科书评价的基本理论和实践探索，在分析基本概念的基础上，从视角与分类、过程与方法、实践与应用以及反思与展望等方面深入阐释了对教科书评价的研究。

现代技术是一种特殊的生命系统，具有自身的进化规律。《教科书技术学》意在运用技术思维解析教科书的技术组成元素，探索教科书的技术元素及其演变规律，进而发现教科书未来的可能形态。面向变幻莫测的未来，秉持"为了智能社会生活，为了学生素养发展，为了教师专业发展和为了学校经营"原则，探讨信息时代数字教科书的理想形态，并审慎对待数字教科书应用过程所涉及的多样化主体，释放技术在教科书创制中的功能，使教科书进一步充满能量和生命力。

"中国教科书理论研究丛书"主要提供给这样的读者——他（她）对本丛书的意图以及丛书本身怀有足够深厚的情怀和道义上的支持，进而不苛求它们的绝对完美。我先在这里感谢他们的宽容，毕竟这套书中不少是填补空白的研究，许多系统探索在国内尚属首次，片面和肤浅是不可避免的。我相信，如果我们要等一批高水平、没有瑕疵的教科书研究的理论著作，我们将会等待很长时间。但我们不能等。

我们的研究犹如手电筒，只能照亮黑暗中的一部分，没有办法看到整个黑暗中的所有事物与事件。我们知道，一套放之四海而皆准的教科书研究通则或分析模式并不存在。没有固定不变的教科书研究模式，也没有作为终极真理的教科书理论体系。真正具有生命力的教科书研究是随着思考和实践的不断推进而发展的。

这套丛书是对教科书理论的学术探讨，各书作者都有自己的研究思路与表达风格，更有自己的研究心得。为遵从作者的学术追求，我仅仅对形式方面作了一些粗略的规整。

这套"中国教科书理论研究丛书"的顺利出版，首先要感谢广东教育出版社朱文清社长，感谢李朝明总编辑、卞晓琰副总编辑和夏丰副社长的大力支持，尤其要感谢项目负责人林蔺女士，她的敬业精神令人感动，她的沟通能力让一切困难迎刃而解，没有她的精心呵护，很难想象这套书目前的进展。

当然，最需要感谢的是各位作者，在他们和出版社的共同努力下，这套书第一辑、第二辑两次成功入选国家出版基金项目。

最后，我要感谢时任教育部教材局局长田慧生和时任首都师范大学党委书记孟繁华的支持和关心。我知道，他们的支持与关心既是一种鼓励，更是一种期望和鞭策。

石鸥

2024 年 3 月 于北京学堂书斋

目

录

第一章

教科书管理学导论

为什么研究教科书管理学？教科书管理学作为一门学科是如何发展的？明确这些基本问题，对于认识教科书管理现象和教科书管理实践至关重要。本章作为全书的导论，将勾勒出整体思维地图，并围绕上述问题展开论述。

第一节　教科书管理概述

教科书可以从广义和狭义两个角度来理解。广义上的教科书主要是为了给教师教和学生学提供内容信息的基本材料；狭义的教科书是根据课程标准（或教学大纲）按年级课程编排，并配有相应的指导用书，供教学使用的材料。本书所指的教科书是狭义的教科书。

教科书作为一种教育工具和教育资料，是学校教学中重要的和基本的教学材料，是课程的重要组成部分，也是课程实施的载体，在整个学校教育中具有不可替代的地位与作用。"教科书作为国家意志、民族文化、社会进步和科学发展的集中体现，是实现培养目标最直接的载体"①，也是教学与学业评价的重要依据。

①石鸥，石玉. 论教科书的基本特征[J]. 教育研究，2012(4)：92-97.

一、教科书管理的意义

教科书深受学生信赖与依赖、对学生影响深远。一代又一代的青少年在学习教科书的过程中成长。在一定意义上，有什么样的教科书，就有什么样的年轻人，也就有什么样的国家和未来。教科书的主要特征如下：

（一）科学性与思想性

教科书本身最重要的作用在于能够传递人类文化知识经验的精髓，反映现代科技发展水平。所以，教科书中所选取的内容，首先必须保证其具有科学性和逻辑性，中小学教科书更需如此。其次，教科书与其他知识载体相比，教科书是为教学服务的，教科书设计既要适合教学论要求，又要在整体上形成知识网络或知识链；要保证其自身内容的系统性，又要与其他直接关联的教科书在内容上做到衔接融合。总之，教科书应该成为有机联系的体系。

社会学认为教科书具有教诲性，而教育学认为教诲性即主流价值观的确立，都是关于应该做什么、不应该做什么的说理，是对错标准的提供。教科书通过对学生进行知识宣讲，从中产生善恶原则，如应当如何看待不同的人、事和现象，应当获得或不获得哪些知识、学问和价值，应当用什么样的标准去评价思想、社会和人等。总之，教科书作为道德教育的重要载体，具有重大的教育价值。

（二）可教性与可学性

可教性与可学性是教科书的重要特征。编制教科书是为教学服务的，编制的结构和内容要符合学习者的认知特点，由浅入深，循序渐进，这是教科书不同于一般科学著作的特点。教科书是教之本，要适合教师教学的需要，方便教师的教；教科书更是学之本，要能够调动学生学习的兴趣，有助于学生的学习。因此，教科书在内容选取、主题设计、结构组织等方面既要遵循可教性，又要具备可学性，只有这样，才能反映出教科书的价值，实现教科书应有的功能。

（三）文化性与艺术性

文化性是教科书的固有属性。教科书既是一种教育文本，同时也是一种社会文化产品。它不仅是科学知识的主要载体，也是民族文化的重要载体。在我国近现代的历史进程中，教科书一直履行着继承和发扬我国优秀文化传统的重任，在培养下一代的过程中也发挥着文化继承、发展与创新的功能。

教科书作为学生获取知识与发展能力的重要工具，它必须便于学生认知、理解、吸收、消化及运用，因此教科书在研制上要符合审美性，如提高插图编排质量、改进装帧设计等，以此增加教科书的艺术性。

（四）民族性与国际性

教科书深刻反映本民族文化和心理意识，这一特点在人文学科教科书上表现得尤为突出，少数民族教科书、乡土教科书的出现与发展体现了教科书民族性的趋向。另外，伴随全球政治、经济、文化教育广泛和深入的交流与合作，教科书在全球范围内的交流与合作也有所增强，主要体现在外语类与自然科学类教科书的合作交流上。

总之，教科书的独特性决定了教科书建设是一个具有高度专业性、精细化、团队协作的过程，要求我们去研究和解决的问题不计其数，比如教科书内容选什么不选什么，就是一个极为重要的问题。教科书自身的发展又是一个反复使用、实践修改和不断完善的建设过程，由于知识信息的迭代更新，社会的进步，教育的发展，教科书必须不断更新换代，才能满足社会的需要。中国教科书一百多年来的发展历史就是不断改编、不断完善的历史。在教科书的编制过程中，忽视（某些内容）和重视（某些内容）是同时启动的。编者选择关注的只是知识的某些部分。编者所能看见的，只是他所想要看到的东西。然而，在"应选"与"不选"或"选但修改"之间的界限既不甚分明又与时俱进但不易掌握，这就必然让教科书在内容处理上遇到困难。教科书是实现培养目标的最基本的手段，这种文本的真正发展和完善，不说比其他文本更需要，至少应和其他文本一样，需要强大的学术批评和学术研究支撑。①

二、教科书管理的含义与特征

教科书管理是一项专业化的管理工作，但长期以来缺乏对其进行系统的学术研究。澄清教科书管理的基本理论问题，有助于提升教科书管理工作质量，为建设新时代需要的高质量教科书提供保障。

（一）什么是教科书管理

教科书管理是指在特定的环境中，各教科书管理主体从自身职能出发，围绕各项教科书事务所进行的计划、决策、领导、组织等活动，以提高教科书质量，促进学生发展的过程。教科书管理内容包括教科书的研制、审定、实验、出版、发行、选用与供应等环节的管理，这些环节的管理构成一个相互联系的有机整体，它们共同为教科书建设发挥作用。教科书管理内容系统具体见图1-1②。

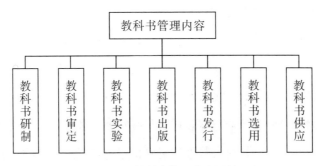

图1-1 教科书管理内容系统

管理只是手段，教科书管理是为高质量教科书发展、教育发展、人的发展服务的。教科书管理的目的是提升效率，促进教科书的发展与进步。无论是教科书管理主体职能的确定，还是教科书管理过程及其任务的统筹安排，都是围绕着教科书管理这一根本目的而展开的。

---

① 石鸥，石玉. 论教科书的基本特征[J]. 教育研究，2012(4)：92-97.
② 曾天山. 教材论[M]. 北京：人民教育出版社，2019：168.

（二）教科书管理的特征

教科书及其管理工作的重要性，使得教科书管理不同于一般出版物管理，有其特殊性。

1. 教科书管理目标的系统性

教科书管理的最终目标是建设有中国特色的高质量的教科书体系。这个目标是一个复杂的目标体系，是由不同层次、不同阶段的目标构成的。在教科书管理目标体系中，不同层次、不同阶段的管理有着不同的目标，承担着不同的职责和任务。建设高质量教科书是教科书管理的根本目标，要达成这一目标，必须分层次、分阶段地分解教科书管理目标体系，各层次、各阶段目标必须明确清晰，才能正确发挥各自的作用，实现教科书管理目标。因此，在教科书管理工作中，要充分考虑整体与局部、协调兼顾当前与未来，秉持继承与革新，综合考量各方面因素。

2. 教科书管理对象的复杂性

复杂性是教科书管理的一个重要特点。按其学段可分为初等教育、中等教育和高等教育教科书；从课程设置上可分为语文、数学、外语、物理、化学、历史、地理等教科书；从媒介角度又分成纸质教科书、视听教科书与数字教科书；在适用范围上大致可分为普通教育教科书与特殊教育教科书、汉语教科书与少数民族语言教科书。因此，教科书管理的对象相应也是极其复杂的，要在遵循管理规律的基础上，运用科学的方法进行管理。

3. 教科书管理的全程性

管理是一种过程。教科书管理是一项全程性的管理工作，由多个具体环节组成，其管理内容一般涉及教科书研制、审定、实验、出版、发行、选用与供应等。其中教科书研制是最为关键的环节，集中体现在教科书编写中，也是教科书管理工作的重中之重。

教科书质量是教科书建设的核心，要在教科书管理的全过程中对众多的质量因素实施有效控制。只有通过研制编写，才能将无形的知识转换为实物形态。高质量的教科书受教科书研制者的基本素质和能力影响。

4. 教科书管理的专业性

教科书管理是一项系统性的工程，且具备自身规律，对此尚缺乏系统研究。要提高教科书管理效率，实现管理科学化，需要深入研究教科书系统及其内在管理规律，这样才能达到教科书管理的专业性。

教科书管理的专业性主要体现在三个方面：一是教科书管理机构专门化，是指要设有从中央、地方到学校主管教科书的专门行政机构，这是教科书管理专业化的外在标志，昭示着教科书管理是一种专业，需要有专门的管理。二是教科书管理人员专业化。教科书管理人员包括国家级、省级、地市级、县区级和学校教科书管理人员，还有教育行政、出版发行、编写研究及审定等机构的管理人员。这些不同层级的教科书管理人员履行不同的管理职责，是具备相应的专业知识、专业能力与专业精神的管理者。任何一个层级的教科书管理人员，都必须遵循教科书管理目的，为高质量教科书发展服务。三是教科书管理制度化。教科书管理是教育管理工作的组成部分之一，其管理制度要适应现代教育体制改革的要求。加之教科书建设具有较强的业务性与政策性，所以，教科书管理体制必须是一种既能发挥专业的指导作用，又能真正起到行政管理效用的体制。①

三、教科书管理的功能

教科书管理本身是一种手段，不是目的，归根结底是保障教科书质量，并为实现国家教育目标，促进教育事业发展创造条件。依据管理理论和教科书管理实践，可以将教科书管理功能分为计划、组织、领导、控制（协调）、决策和创新六大功能。

---

① 曾天山. 教材论[M]. 北京：人民教育出版社，2019：171.

（一）计划功能

"凡事预则立，不预则废。"计划是教科书管理的首要功能。可以这样说，任何教科书管理工作都是围绕着计划的制订和组织而开展的。计划是人们事先对未来活动进行的一种预先安排和规划，可分为长期计划、中期计划与短期计划，总体计划与局部计划等多种形式。

教科书管理的计划功能主要包含两个方面：一是制定目标。首先要明确教科书建设方向，制定在未来一定时期内要达成的目标，这是教科书管理活动的基本前提。二是制订方案。确定了未来的方向和目标后，接下来要分析为了实现这一目标，需要采取哪些举措，这些举措对各部门和各环节提出哪些具体要求。

（二）组织功能

计划的完成必须贯彻落实到各个环节，这是组织工作的任务。组织是保证有效实现教科书建设目标所开展的管理活动。要保证计划活动的有效执行，教科书管理的组织功能要完成以下两项工作：一是建立健全组织基本结构，即明确教科书管理的各级部门设置，规定不同层级部门在活动过程中的相互关系；二是组织实施，即因教科书管理事项设岗设职，明确相应的责权利，把人力、物力、财力等资源进行有效配置。

（三）领导功能

领导是教科书管理的重要职能之一。领导是引领、指导与激励组织成员为达成组织目标而努力的过程，也被称为一种影响力。所谓领导功能是指领导者运用组织赋予的权力和个人才能，去引导和影响组织成员为实现组织目标而努力工作的活动过程。领导功能主要包括：①带领、指挥成员工作；②激发成员积极性；③沟通、解决矛盾与冲突；④营造适宜的组织氛围。

（四）控制（协调）功能

控制是为了确保组织系统按预定需要所开展的各种工作，主要包括按照计划标准，检查和督促有关部门、各环节的工作，评估工作结果与计划目标有无偏离；如果存在偏离，则要分析偏离产生的原因以及产生偏离后的影响程度；在此基础上，如有必要，要针对原因制定并实施纠正偏离的方案，以确保计划活动的顺利进行和计划目标的有效实现。控制在整个管理活动中起着承上启下的连接作用。正因为控制，管理过程得以周而复始地不断循环。

（五）决策功能

所谓决策，是为实现组织特定目标，遵循一定决策原则，从所拟定的备选方案中选出一个合理方案并付诸实施的管理过程。决策不仅在教科书发展规划方面起着重要作用，而且几乎渗透在每一项教科书管理工作之中。换句话说，事事需要决策。作出决策不是一个主观随意的行为，必须符合客观规律，遵循一定的程序，以保证决策的科学性。在决策的实施过程中，需要管理者根据环境变化，遵照反馈原则，调整决策，以此保证决策质量。

（六）创新功能

创新是在发挥计划、组织、领导、控制（协调）等管理功能的过程中采用新的方法和手段。创新贯穿于教科书管理的各个环节，是教科书管理的灵魂与核心。彼得·德鲁克在《卓有成效的管理者》一书中曾指出，导致管理者失败的最常见因素应该是不能或不愿为适应新的需要而改变。教科书管理在继承的基础上要勇于创新，因时而变，因势而变，尤其在科学技术迅猛发展的今天，创新自然而然地成为管理过程中不可或缺的重要功能。

教科书管理的计划、组织、领导、控制（协调）、决策、创新功能分别回答了教科书管理要做什么、怎样做、依据什么做以及如何做得更好等基本问题。这六大基本功能是一个整体，但又相互渗透、相互影响。通常情况下，教科书管理是遵循计划—组织—领导—控制（协调）—决策的顺序开展，而创新则是居于中心位置，渗透在管理的各个环节之中。教科书管理又是一个持续不断展开的过程，各个管理功能周而复始地循环往复；但由于管理工作的复杂性，实际上的管理功能并不完全按照某一固定的顺序进行。此外，值得一提的是，教科书管理的功能并不是固定不变的，当内外部环境、管理者等发生变化时，其功能也应随之变化。

第二节　教科书管理学概述

管理科学是教科书管理学最基本、最广泛的理论基础，是教科书管理理论体系的母体。教科书管理学是在教育管理学的基础上发展起来的，更本质地说，教科书管理活动本来就是教育管理的一个分支。

教科书管理学是运用相应的研究方法，认识和理解教科书管理活动，揭示教科书管理规律，以完善教科书管理，推动高质量教科书建设的学科。教科书管理学的学科本质是回答"教科书管理学是一门什么样的学科"这一问题，而要澄清这一本体论问题，首先必须厘清教科书管理学的研究对象。

一、教科书管理学的研究对象

任何一门学科都有自己特定的研究对象，在此基础上形成本学科的基本概念、理论体系与研究方法。明确教科书管理学的研究对象，是教科书管理学学科体系的一个基础问题。

首先，研究教科书管理学要关注教科书管理活动。这里的"教科书管理活动"是个广义的概念，可以从纵向和横向两方面来理解。从纵向上看，教科书管理活动可以分为宏观的教科书管理活动和微观的教科书管理活动。宏观的教科书管理活动是指政府有关部门根据教育发展的战略目标，按照教科书建设本身的规律，以政策法令、经济行政等手段组织和协调教科书的活动。微观的教科书管理活动即是学校层面的教科书管理活动。从横向上看，教科书管理活动包括教科书管理过程中的具体管理活动。其次，教科书管理学要揭示教科书管理规律。"规律是事物发展变化过程中的本质的联系和必然的趋势。"① 教科书管理规律具体存在于各种教科书管理活动之中，反映在教科书管理的各个环节。

教科书管理学重点探讨一个国家如何管理教科书事业，怎样通过各级教育行政机关落实相关政策、法令；学校怎样进行教科书管理；各级组织机构如何从制度、人员、规划、信息等方面为教科书建设提供有力保障等问题。

二、教科书管理学的学科性质

教科书管理学是研究教科书管理活动及其规律的科学，是教育科学的组成部分，也是管理科学的一个分支。教育科学是研究教育现象及其规律的科学，其研究范围十分广泛，教科书作为课程的载体与教学的中介，成为教育科学的一个重要组成部分。教科书管理是一种管理活动，但由于教科书及其管理工作的特殊性，其不同于一般出版物的管理，教科书管理学将教科书和管理学结合起来，研究如何按照客观规律来管理教科书，对影响教科书质量的各个要素进行规划、组织、协调与决策。

关于教科书管理学的学科性质，一般认为兼具理论性与应用性。在教科书管理学研究中，对教科书管理现象与活动、教科书管理规律的阐明，都是通过解释来完成的。"解释是对现象、原因、关系、联系的说明，回答是什么、为什么的问题。"② 教科书管理学对教科书管理活动与规律进行解释与说明，具有理论性质，因而成为一门理论学科。教科书管理学之所以具有应用性，是因其来源于实践并最终服务于实践。所谓应用性，主要是指为教科书管理工作提供指导，解决

---

① 冯契. 哲学大辞典：修订本[M]. 上海：上海辞书出版社，2001：486.
② 迟艳杰. 教学论[M]. 北京：高等教育出版社，2009：4.

教科书管理的实际问题，改进教科书管理工作。教科书管理学虽然是在一定理论指导下，探索教科书管理规律的科学，但其又不是纯理论的科学。它指向实践，重在行动和效率。没有对效率的追求，管理就没有存在的必要。

由此可见，从教科书管理学的学科性质出发，教科书管理学有助于提升教科书管理的理论水平，有助于推动教科书管理的变革和发展，是为高质量教科书发展、教育发展与人的发展服务的。

三、教科书管理学的学科体系构想

从世界范围来看，许多国家和地区日益重视教科书研究，教科书研究成为越来越热门的学术研究领域，正在向制度化迈进，主要表现为相继成立专门的教科书研究机构，出版教科书研究刊物，建立网站、资料库，召开专业研讨会等。随着教科书研究的逐步深入，教科书研究学科化需求愈加明显，[①] 单一的教育学视角已不能使我们全面理解和深入解决教科书发展过程中存在的问题与矛盾，必须运用其他学科的视角和方法与教科书进行交叉研究，拓宽教科书理论与实践研究的边界。[②] 当前，教科书研究不仅是学术研究的热点，更是党和国家高度关注的问题。为了贯彻落实习近平总书记关于教科书建设的重要指示精神，党和国家相继出台了一系列相关政策并成立了专门机构，以此大力推动教科书的建设工作。《中国教育现代化2035》提出面向教育现代化的战略任务之一是"发展中国特色世界先进水平的优质教育"，优质教育需要提供优质的教科书。为此"健全国家教材制度，统筹为主、统分结合、分类指导，增强教材的思想性、科学性、民族性、时代性、系统性，完善教材编写、修订、审查、选用、退出机制"[③]。

---

① 张文，李彦群. 论"教科书学"的构建[J]. 当代教育科学，2018（11）：11-16.

② 穆建亚，刘立德. 教材伦理学：思想渊源、逻辑起点及体系构建[J]. 课程·教材·教法，2021（11）：49-55.

③ 中共中央　国务院印发《中国教育现代化2035》[N]. 人民日报，2019-02-24（001）.

建设适应新时代需求的高质量教科书，依赖于教科书管理功能的充分发挥。但长期以来，教科书管理研究落后于管理实践的发展。尤其是进入 21 世纪以来，随着教科书多样化、数字化的发展，教科书改革步伐加快，加强教科书管理研究更加重要与迫切。那么，加强和推进教科书管理学研究，是进一步发挥教科书管理功能，深化落实立德树人根本任务的必然要求。

作为一门兼具管理学与教科书学性质的交叉学科，教科书管理学可沿着以下逻辑思路来研究和认识教科书管理的活动与规律。

一是从管理学的视角对教科书管理进行分析。从一般意义上说，任何管理活动都是由三要素组成的，即管理主体、管理客体与管理中介。因此，从管理要素这一角度来确立教科书管理学的学科体系是完整和科学的。教科书管理主体是指履行一定职责、享有一定权力并能发挥影响的组织或个人。研究主体问题，既要研究主体的管理观念、管理思想，同时也要研究其自身的组成结构和素质要求，力求做到科学化和专业化。教科书管理客体是指教科书管理的对象和内容，主要是以人或组织为核心的各项管理资源。教科书管理中介是指连接主体、客体的各种管理手段与职能，如计划、组织、方针、政策、法规、预测和规划、督导和评价、信息等。它们相辅相成，共同构成了教科书管理主体和客体之间的中介桥梁。以此为逻辑来构建教科书管理学的学科体系是可行的，与教科书管理学的研究对象相适应，同时也体现了教科书管理学的学科性质。教科书管理学是一门应用性的社会学科，我们在强调其理论形成与发展的同时更应强调其实践性。

二是从教科书研究的过程取向对教科书管理进行分析。教科书研究的三种取向即过程取向研究、产品取向研究和接受取向研究。过程取向研究侧重于教科书整个生产过程的研究，即教科书的设计、开发、应用、评价等过程，每个阶段都有它的研究目标和角度。① 教科书管理学的学科体系构建也可依据这种取向分为三个部分：一是关注教科书的生产过程，对教科书研制、审查、出版与选用、发行与供应进行分析，明晰不同过程中教科书管理主体的权责；二是对教科书管理的政策法令、制度等文本进行内容分析，对比不同国家的教科书管理制度，总结经验；三是在教科书的使用过程中，教科书对学生、教师、公众、社会等利益相关者产生一定的影响和互动，对这种相互影响和互动进行关系性伦理分析，调查教科书与利益相关者的关系，有利于不断更新教科书，提升教科书的质量。

为此，本书统整以上两种逻辑思路，从学科论、制度论、机制论、过程论和主体论五个方面阐述教科书管理学的学科体系，分别将理论范式研究和实践问题相结合，挖掘教科书管理学这一学科的本质。一是教科书管理学科论，这里所说的学科论指的是学科何以成为学科的理论，主要包括教科书管理学的研究对象、学科性质与学科体系构建等问题。二是制度论，即系统梳理中外管理思想、理论流派的基本主张及其对教科书管理实践的影响，把握当代教科书管理理论发展的特点与未来趋势；比较中西方教科书管理制度，厘清历史，总结经验，以此把握我国教科书管理制度的现状与发展趋势。三是机制论，从宏观与微观两个方面来研究教科书的管理机制。宏观的教科书管理是政府有关部门有计划、有目的地通过政策法令、行政等手段对教科书建设实施的一种动态的管理过程；而微观管理即指学校层面的教科书管理。四是过程论，探讨教科书从计划、编写、审查、实验、修订，到出版、选用、发行及供应等环节的管理内容、过程与方法。五是主体论，在借鉴人力资源管理等相关理论的基础上，阐明教科书人力资源管理的含义与内容，分析教科书研制者与管理者应具备的基本素质。

---

① 黄显华，霍炳坤. 寻找课程论和教科书设计的理论基础[M]. 北京：人民教育出版社，2005：168-169.

四、管理理论的发展对教科书管理的影响

教科书管理理论的发展与教科书管理实践的演进密不可分，实践与思想互相促进，在融合过程中不断发展。

（一）管理理论对教科书管理的影响

管理科学是教科书管理学最基本、最广泛的理论基础，是教科书管理理论体系的母体。从管理理论的发展历史来看，管理科学每前进一步，都会相应地影响着教科书管理的发展。

第一，引入科学管理，追求效率。科学管理的出现，标志着人类开始由经验管理模式转向依靠知识的科学管理模式。将科学管理引入教育管理领域，使得教育管理人员不得不放弃传统的教育管理观念和做法，转向接受科学管理，进而关注教育成本、关注效率。这种效率、成本和标准化的观念对传统教育管理是一个很大的冲击，反映了泰罗等人的科学管理对教育管理与教科书管理的影响。

第二，注重管理组织的结构化和制度化。行政组织理论认为要提高管理效率就必须从组织建设规范化做起，这对于提高管理效率是有重要意义的。目前学校管理中推行的校长负责制、考核晋升制度以及各种岗位责任制等都是受到行政组织理论的影响，目的在于健全各种行政组织机制，提高组织的行政效率。

第三，重视质量管理，推行全面质量控制。质量管理理论的发展对提高教科书质量管理具有重要影响。因此，质量管理始终是教科书管理的重点。教科书的质量管理着眼于教科书从研制、审定到出版、发行、供应的全过程，全面监控教科书的质量，以确保教科书的高质量。

第四，开展管理人员的培训工作。在行为科学管理理论、人力资源管理理论等的影响下，管理领域更加重视调动管理人员的主动性与积极性，采取多种方式提升管理人员专业素质。

（二）教科书管理理论的未来趋势

第一，教科书管理理论体系更加完善。随着管理理论研究的深入和管理实践发展的需要，教科书管理理论在吸纳其他学科思想和方法的基础上，更加重视理论基础研究，使之更为完善，构建成为一个更具普遍意义的理论体系。

第二，教科书管理理论和实践结合更为紧密。从教科书管理实际需要出发，教科书理论研究将深入探讨教科书管理中的关键、难点与热点问题，以更好地发挥指导实践的功能。另外，教科书管理理论的发展不仅需要吸纳各种管理理论与方法，而且更注重在实践中整合、在实践中创新，将理论研究与实践更加紧密结合起来。

第三，教科书管理理论兼顾国际化和本土化。随着管理理论的交流合作日益增多，教科书管理研究国际化趋势日益明显。同时，由于各国教育问题的特殊性，教科书管理研究更要从本国实际情况出发，以解决自身教科书问题为重心，在管理模式、技术方法等方面为教科书管理提供指导，以此不断深化教科书管理研究。

第四，教科书管理理论呈现出多元化研究趋向。多元社会和教育多样化发展对教科书管理理论提出新的要求，推动构建一个更加开放多样、分化灵活又指向服务实践的教科书管理理论体系。因此，研究范式的综合化、研究方法的多元化、理论流派的多元化，将会成为提升教科书理论水平、变革管理实践的力量。

第二章

教科书管理机制

教科书管理机制探讨教科书管理现象各部分之间的相互关系及运行方式。本章阐述各项理论在教科书管理机制中的应用，探讨教科书管理机制应遵循的基本原则，并就决策调控机制、质量监控机制、信息控制机制和动力保障机制展开详细论述。

第一节　教科书管理机制的理论基础

机制是事物或现象各部分之间的相互关系及运作方式。① 管理机制本质上是管理系统的内在联系、功能及运行方式。

一、教科书管理机制概述

（一）管理机制

管理的目的是最大限度地激发所在群体和机构中人的体力活动与脑力活动，实现预定目标，为组织成员内部间开展活动提供标准。活动与过程间密不可分，任务的实现需要制定目标和按照程序展开，对管理来说，其目的更倾向于结果与

---

① 孙绵涛. 教育管理学［M］. 北京：人民教育出版社，2007：285.

绩效。换言之，按照目标程序完成的活动，所得成绩与产出的结果达到标准及以上，才可说明管理行之有效。管理以协调为本质，协调是管理的主体和管理的客体相互影响、相互作用的过程，而管理作为一种协调活动，离不开管理的主体与客体。① 人作为协调的中心，一切活动都围绕人展开，资源配备都以人为中心。为实现管理目标，组织与调动内部与外部的关系，调整组织间的资源整合与配置，通过协调放大所管理系统的功效。

"机制"一词最早来源于希腊文"machane"，原意指"机器的构造和工作原理"②，即为厘清机器的各个组成部分以及各部分间的关系，明晰联系的部分之间如何实施运作。将机制的本义引申到不同领域，就随之产生不同种类的机制。人们把机制引入社会生活之中，主要是指社会机体中某些部门、领域通过建立富有生机活力的制度、体制、程序、原则、督导等，使该系统健康有序地发展。③ 在社会科学领域，机制主要为在社会各部门和组织间建立起来的具有生机的制度，明晰规则，落实措施，进而使得整个系统得以健康地运行。

机制是指某一事物内在的活动方式，既包括机体结构各部分之间的相互联系，还包含结构间发生各种变化的过程和相互作用的方式。机制的概念含义强调的基本特征有：第一，透过事物的表象认识内在规律；第二，强调探究事物和组成结构间的联系与互动；第三，机制形成后应受到巨大的约束力，才得以为标准的形成与制定创造条件。因此，机制是有机体事物各要素之间相互作用、制约与调节的组织，其功能是耦合的，其形式是动态的。

机制与体制虽只有一字之差，但其概念与意义存在巨大差异，切不可混为一谈。机制是人类行为的准则与规范，为机构与规范相结合的产物，它被制定后保

---

① 金保华. 论教育管理的伦理基础[D]. 武汉：华中师范大学，2008：35.

② 中国社会科学院语言研究所词典编辑室. 现代汉语词典：第七版[Z]. 北京：商务印书馆，2016：600.

③ 孙晓峰. 高校德育管理机制构建及运行中的对策研究[D]. 合肥：合肥工业大学，2011：21-22.

持相对稳定的状态。较之体制，机制可理解成动态概念，实为一种能够反映事物和具体现象之间联系的具体运行方式，真实存在，切实可见。机制运行的目的在于促使制度或体制发挥预期功能，即为实现制度特定的目标，需依托体制设定事物各组成部分间的运行规则。① 综上可知，机制与体制之间虽意义和作用不同，但两者之间相互影响、相互制约。

管理机制以管理结构为基础和载体，它本质上是管理系统的内在联系、功能及运行原理。② 管理各要素之间的相互作用、相互联系、相互制约的关系以及相应的功能体系，以客观规律为依据，以组织结构为基础，由各组织子机制有机结合而成，严格按照客观规律施加给管理对象，如若有行为违反客观规律，必将受到管理机制的惩罚。

依据管理机制对管理系统的功能和作用，可将其分为行为目标导向机制、内部协调机制和环境适应与发展机制。③ 首先，行为目标导向机制为管理对象自发向管理者指定的目标靠近，管理者满足管理对象通过努力所获得的回报，并且将回报控制在有效范围内，以便全体管理对象自发、积极地朝向组织指定的目标不断前进。其次，内部协调机制为协调各要素之间的关联，为系统的整体功能作贡献。根据管理机制的组织与规范，按照一定规律主动前行，自我调整，积极同组织的目标与发展保持高度一致。最后，环境适应与发展机制为根据环境的要求，相应调整系统间的结构，积极做到内部组织与外部环境之间的有效衔接，使得系统在变化的环境中调整与发展。

（二）教育管理机制

教育管理是管理者为组织与协调所管理的队伍，利用有利条件，发挥教育人力、物力与财力资源，实现教育管理目标的全过程。教育管理一能促进学生的成

---

① 张春梅. 我国西部农村成人教育发展机制研究[D]. 重庆：西南大学，2013：24.
② 申雪寒. 高校辅导员管理机制论[D]. 长春：东北师范大学，2015：14.
③ 李学栋. 论管理机制设计理论[J]. 工业工程，2005(2)：1-3，16.

长发展，包含学生的全面发展、个性发展、持续发展以及公平与公正的发展全过程；二能有利于增进工作效率，提高教育管理活动的经济性与合理性。

教育管理机制从管理的角度论述教育机制，处理教育管理各种关系的运行方式。它协调各级各类教育行政与各级各类学校管理和各级各类社会教育管理之间的相互关系，以及各级各类教育行政之间、各级各类学校管理之间和各级各类社会教育管理之间的相互关系。[①]

教育管理主体为教育管理活动的主要实践者与承担者。教育管理主体具有两种形态：一是组织形态的教育管理机构；二是个体形态的教育管理者。[②] 教育管理机构包含各级各类教育行政组织；教育管理者主要指教育管理机构中的管理人员，管理人员依照履行不同的管理职责和职能分为高层管理者、中层管理者和基层管理者三种类型。任何教育管理主体，在面对复杂的教育外部管理环境时，需追求教育管理目的，遵循教育管理相关原则，为学生的持续健康发展服务。

依照不同角度教育管理机制可以分为不同类型。首先在层次方面，可分为宏观的教育管理机制、中观的教育管理机制和微观的教育管理机制；其次在机制运作的形式方面，可分为教育管理的行政－计划式运行机制、教育管理的指导－服务式运行机制和教育管理的监督－服务式运行机制；最后在机制的功能方面，可分为教育管理的激励机制、教育管理的制约机制和教育管理的保障机制。上述教育管理机制类型各部分之间是相互联系、相互作用的，为更明确教育管理机制的组成与运行，才将其细致划分加以理解。

（三）教科书管理机制

教科书作为一种特殊的产品，是教师和学生开展学习活动的基础，其管理机制也应具备独特性。教科书管理作为学校教育管理的重要组成部分，它在保障学

---

① 孙绵涛. 教育管理学[M]. 北京：人民教育出版社，2007：57.
② 褚宏启，张新平. 教育管理学教程[M]. 北京：北京师范大学出版社，2013：12.

校教学秩序、顺利开展教学活动、培养新时代人才方面发挥关键作用，因而建立强而有效的教科书管理机制势在必行。

教科书管理机制就是教科书管理现象各部分之间的相互关系及其运行方式。管理的对象可分别从教育层次、学科特性、媒体、内部结构、使用范围和管理主体角度进行分类。教科书管理机制是指政府有关部门根据教育发展的战略目标，从整体出发，按照教科书建设本身的规律性，以政策法令、经济行政等手段组织和协调教科书建设的动态管理过程。这种管理机制是一种有目标、有计划和有一定弹性的宏观控制过程①，它代表着一个国家或地区的教科书管理制度与水平。因此，教科书管理的质量主要取决于教科书管理系统的设计。

首先，教科书管理机制应树立明确的目标。"落实立德树人的根本任务，实施素质教育"，"立德"与"树人"齐头并进，尊重教育规律与学生的成长规律，科学地对教科书内容进行管理。其次，教科书管理机制要有相应的法律法规提供保障。既需要通过立法机构和行政部门的管理办法予以保障，同时还要在教科书管理结构与管理制度的保障上花费心思，不断创新教科书管理机制。最后，教科书编写审查队伍和教科书的整体体系与布局要设置合理，将各个环节要素组合与重构，进一步推动教科书管理机制朝向生态化建设方向发展。

教科书管理机制强调具体落实教科书管理各个环节、各个机构之间的工作方式，强调彼此之间的相互关系，旨在形成教科书管理的合力。首先要健全机构，确保教科书管理的内部构造是健全的。如果没有相应的管理机构和工作机制去落实，再完美的制度都是没有意义的。教科书管理需要解决国家、省级教育行政部门和学校管理工作责任主体的落实，有针对性地解决部分教科书管理机构缺失的问题；同时加强各个机构、各个环节耦合的有效性、运行的同向性和信息传递的畅通性。教科书管理是一项系统工程，涉及多个部门和多个环节，任何一个部门

---

① 曾天山. 教材论[M]. 北京：人民教育出版社，2019：171-172.

或环节的运行都直接影响教科书管理能力的发挥。其次，通畅的信息传递是高效灵活机制的基础和要求，教科书管理过程中信息传递的畅达，才能使得各机构之间及时沟通，才能实现教科书管理的科学化。

二、教科书管理机制的理论依据

教科书管理的基本原理是从一般管理原理中演绎而来的，在具体管理工作中，必须考虑到教科书建设的实际情况方能推行。系统思维、动态原理、全面质量管理、效益原理、循环经济理论及学校管理是教科书管理机制的主要理论依据。

（一）系统思维

系统思维的形成源于对客观事物系统的认识与把握。行之有效的管理活动是在现代实践理性思维支配下得以进行的，而系统思维的形成是理性思维的必然要求，因此系统思维是现代管理的基础。管理活动的核心职能就是协调系统内部各因素之间以及与环境之间的利益关系，因此，要有差异与统一的思想、整体与部分不可分割的思想、事物内部不同因素之间及其与环境之间和谐统一的思想，在此基础上形成系统思维。

系统思维就是把认识对象作为系统，从要素和要素、要素和系统、系统和环境的相互联系与相互作用中，综合地整体地考察认识对象的一种思维形式。[①] 我们可以从整体性、目的性、协调性与层次性的角度来理解系统思维。一是整体性思维，即关注整体与各部分之间的有机联系，注重系统内部与环境之间的发展变化，有序树立整体意识，避免碎片化意识对合力工作的影响。二是目的性思维，即把握系统发展方向，使得整体工作更具目标性和计划性，从更高层次规划系统整体的战略意识。三是协调性思维，一方面协调相关系统，另一方面表现为矛盾

---

① 易小明. 论系统思维方法的一般原则[J]. 齐鲁学刊，2015(4)：57-63.

协调。确立协调性思维，就是不回避具体工作中的矛盾，以积极心态去应对各种不和谐的现象，以一种生态化的视野来促进各项工作的顺利开展。① 四是层次性思维，教育系统具有一定的层次结构，清楚各层次的划分和明确每一层次的功能，决定着系统能否高效率地运行。在考虑教育系统的层次性时，应明确规定各个层次的任务和责任及权力范围，要注意同一层次各个子系统之间的横向联系。② 除此之外，系统以外即为环境，还应增强系统与外界的联系，提高系统在不同环境中的适应性。真正意义上的现代管理理念及其管理活动和目的，是尊重、理解和把握系统生态及其平衡规律所形成的系统性思维，以使管理活动有序有效合理地进行。③

就教科书管理机制而言，首要的任务就是科学地设计和制定能够促进高质量教科书建设的系统化的制度与规范。教科书建设系统作为学校教育的子系统之一，需受到大系统规律的制约，并顺应大系统改革的要求。首先，教科书体系包含每一层次和每一学科教科书的高质量发展，因此高效的教科书管理应把握整体、科学分工、规范整理和有效综合。其次，任何一个管理系统为提高管理效能，实现预期目标必须形成封闭回路。这种封闭是相对的，它表现在管理机构的封闭，由部门决策中心、执行机构、监督机构及反馈机构等组成。④ 因此，一方面教科书管理中应发挥人的主观能动性，做好协调工作，以此获得更好的管理绩效；另一方面教科书管理要总揽全局，作出整体性的教科书建设规划，并制定相应的政策、法令与法规，使教科书管理能够做到有章可循、有法可依、有理可据。

（二）动态原理

动态原理是辩证唯物主义思想观在管理中的具体运用。系统具有动态性特

---

① 刘晓慧. 系统思维下高校宣传思想工作协同创新研究[D]. 青岛：中国石油大学，2017：8.

② 孙绵涛. 教育管理学[M]. 北京：人民教育出版社，2007：190.

③ 刘国章. 系统思维与现代管理[J]. 系统科学学报，2010（2）：33-37.

④ 曾天山. 教材论[M]. 北京：人民教育出版社，2019：176.

征，因此，管理的动态原理要求注重系统发展、变化以及诸要素之间的连锁关系，并在管理过程中及时反馈，以确保实现管理目标。任何事物的发展都是一个动态前进的过程，应打破思维定式，以积极的心态适应不断变化的发展形式，创新思维范式，在超越中将卓越作为永恒的价值追求。

教科书管理基础之动态原理应坚持弹性原则和反馈原则。弹性原则要求管理者在管理活动中动态地看待问题，使管理工作保持弹性，留有余地。在教科书管理活动中，贯彻弹性原则应做到以下两点：其一，教科书管理系统应具备适应环境变化的能力并随环境做出调整，使之整体具备弹性与可塑性；其二，教科书管理应积极发挥人的创造性，在关键环节和薄弱环节充分调整，以提高教科书管理系统的适应性，进而完成既定管理目标。反馈原则即在管理的实际过程中需将信息送出去并及时返送回来，对信息的再输出起到控制作用。教科书管理过程中，首先应建立反馈机制和灵敏、有力的信息接收部门，保障反馈信息的流畅性，准确反映教科书管理现状；其次要配备高性能的分析系统，加工接收到的信息，用以保障教科书管理过程中获得信息的真实性；最后要采取强有力的行动，加强反馈控制工作，使得管理工作符合实际情况，以此获得更大收益。

在现代管理过程中运用动态原理就要研究动态优化问题，要求管理者不断地创新以使管理系统和变化了的外部环境相适应；要求管理系统具有弹性；要求管理过程中坚持反馈。① 基于动态原理，教科书管理及其过程的本质是动态性的，因此管理者应充分注意系统内外的情况变化，随之适时调整其管理策略与行为。

（三）全面质量管理

全面质量管理是由全体人员参加的贯穿生产活动全过程、具有全面性的系统质量管理。全面质量管理与传统质量管理相比，突出全员参与性、全过程性和多

---

① 覃家君，杨青梅，林伟斌. 论管理的动态原理及其运用[J]. 科技进步与对策，1998（6）：70-71.

种科学方法相结合性。具体而言，从强调管理结果转向强调管理过程；从分散、零碎管理转向系统观指导下的全面综合治理；由单纯符合标准转向满足顾客及使用者的内在需求，以质量为中心围绕质量展开工作，不断提高过程质量和服务质量。

全面质量管理的指导思想包括以下四个方面：①以预防为主，全面质量管理注重过程，从全方位多角度防范问题发生，极力控制问题对产品质量的损害程度。②为用户服务，用户的认可是企业创造价值的关键，亦是全面质量管理的核心环节，管理应在各个环节中满足用户需求，做好服务工作。③以事实和数据为基础分析产品，全面质量管理应分析现实情况，遵循标准随环境的变化，对产品需求做出调整。④坚持持续改进，全面质量管理要求企业和单位不安于现状，不断提高管理质量，形成竞争优势。

全面质量管理的工作原则包括预防原则、经济原则和协作原则。① 预防原则是指在教科书管理中管理人员对学习应保持主动性与积极性，由此开展计划性的组织，于问题到来之前做好准备，预防问题，将损失降到最低。经济原则认识到教科书的管理过程是一项长期的、系统的工程，其组织和建设的过程需耗费大量时间与精力，全面质量管理在保障质量的前提下应做到经济实用。协作原则的含义是教科书的管理需要各组织和各部门间相互配合、共同协作、系统思考以达成管理的预定目标，从而展现出全面质量管理的最佳状态。

全面质量管理的特点即是"全面"，包括管理内容、管理范围、管理人员和管理方法都是全面的。② 因此，教科书的全面质量管理着眼于教科书生产的全过程，依靠全员参加，以形成一个科学的、综合的质量管理体系。

---

① 徐俊艳，尹庭玉，杨家珍. 运用全面质量管理理论组建学习型组织［J］. 理论学刊，2005（7）：37－39.

② 张文昌，于维英. 西方管理思想发展史［M］. 济南：山东人民出版社，2007：392.

（四）效益原理

效益是从成本控制的角度全面考虑有效产出和投入之间的比例关系，可分为经济效益和社会效益。经济效益就是从利润角度来衡量一个产品在固定时间内的效益是怎样的，这也是一个企业通常衡量效益的标准，降低成本和提高生产效率是达到经济效益的普遍做法。社会效益则是从社会的角度来衡量一个企业的责任。

效益原理是指组织的各项管理活动都要将实现有效性、追求高效益作为目标的一项管理原理。[①] 教育管理的重要目的是通过科学有效的教育活动，在一定的消耗下，获得社会效益的最大化，或者在一定的社会效益下，花费最小的消耗。[②] 在教育管理中，教育投入与直接产出之间的比例称之为"直接效益"，例如在教育规模、学校布局、师生比例、经费花销等相关教育活动中花费最小的消耗。教育投入与间接产出之间的比例称之为"间接效益"，即为受教育者在进行生产劳动的过程中发挥自身劳动生产力，最大限度提高劳动生产率。

教科书管理力求最大限度地放大其管理系统的功效，创造出尽可能大的价值，获取尽可能高的效益，实现管理目标。教科书管理追求价值原则、择优原则和边际分析原则。价值原则，即消耗尽可能少的资源，获得一定范围内最大的效益。择优原则是在诸多管理方法中选择最合理、最有经济效益的一种方法，即为优中取精，拉大投入与产出的比例，实现效益的最大化。边际分析原则即在管理活动中着重考虑附加支出与收益间的关系，将两者收益进行比较，以此考察实际效益，作出科学决策。教科书建设过程中的所有步骤与环节均需优化系统方案，做到最佳状态的控制与管理，才可以从管理中获取理想效益。

[①] 王宁敏. 基于管理效益视角的高校教务管理效能提升研究[D]. 南宁：广西大学，2014：8.

[②] 王世忠. 教育管理学：第二版[M]. 北京：科学出版社，2014：17.

（五）循环经济理论

"循环"一词的实质是生态、技术、资源与经济的多重循环的有机体。① 循环经济是一种生态经济，应涵盖经济发展、生态治理等多个方面，追求各个系统之间达到均衡循环的组合状态。② 循环经济本质就是对资源的二次或者多次利用，从而形成一个闭环式的经济体系。循环经济的内容决定其自身理论的复合多维性，包括生态系统的良性循环、经济与自然环境的协调相处、催化使用技术手段、促进社会文明进步，全面改善民生实际这一套可持续性经济发展形态。因此，循环经济最终目标为将不可持续的经济形态转变为循环经济形态。

循环经济具有如下特征：其一，循环系统观。循环经济的系统由自然资源、经济与社会组成，经济增长随之带来资源消耗进而影响社会环境。循环经济要求在生产过程中着重考虑成为自然生态中的一部分，因而经济自身的发展应遵循生态系统循环原则。其二，循环发展观。循环经济发展要将经济、社会与生态环境效益相结合，将短期效益与长远效益相结合，用发展的眼光看待经济的变化。综合贯彻落实可持续发展观，既着眼于当前经济，又为子孙后代的生存发展奠定基础。其三，循环生产与消费观。循环经济考虑自然生态的承载能力，尽可能地开发与利用节能、科学、理性、循环的自然资源，可持续利用资源的同时也要满足人类对生产质量的需求。循环经济避免奢华享乐的消费观念，倡导理性消费、适度消费与绿色消费，以此建立经济的循环生产与消费观念。

循环经济是基于生态原理、经济优化和循环利用资源的一种可持续发展的经济模式，更有利于节约资源和保护环境，以尽可能少的物质投入，获取尽可能大的效益，以达到经济、社会与生态的统一与和谐，其根本目的就是减量化、再利用、再循环。循环经济理论把经济效益、社会效益和环境效益三者有机统一起

---

① 吴季松. 循环经济：全面建设小康社会的必由之路[M]. 北京：北京出版社，2003：3.
② 刘贵清. 循环经济的多维理论研究[D]. 青岛：青岛大学，2010：21.

来，综合考虑局部利益与全局利益，兼顾当前利益与长远利益。随着时代的发展，人类对教育的重视程度逐渐提高，所使用的教科书和教辅材料种类繁多，未充分使用的教科书占绝大部分，有人对废旧材料的处理方式简单粗暴，这是教科书资源的浪费。由此对教科书实行一种良性且闭环的经济循环体系将会极大提高资源的节约程度。基于循环经济理论，教科书存在着大量的浪费现象，在教科书管理过程中，应根据实际情况，实行循环使用教科书制度，以避免浪费过多资源。

（六）学校管理

学校管理从古至今逐渐发展起来，具有深远的历史渊源。学校管理不同于社会上工业、农业、商业等领域的管理，其管理具有特殊性。"教育市场化不能成为建构现代学校制度的指导性原则，更不能将现代企业制度直接移植到现代学校制度中来。现代学校制度是一种'教育制度'而不是'经济制度'，它所应关注的不是产权归属、产权明晰等经济学问题，而是本真的教育问题，即学生的发展问题。"[1]

学校管理从研究内容看，涉及学校管理观念、管理原则、管理体制、管理模式、管理主客体、管理环境，管理目标、管理过程、管理内容与方法等诸多方面。[2] 学校教科书管理应保持科学化、民主化和最适化。科学化是指按照科学规律办事，提高工作效率，为学校管理工作的开展创造良好的工作环境；民主化是指广泛吸收人民群众的意见，打造轻松愉悦的工作氛围；最适化是指在最合适、最理想的状态中采用优质措施与条件，积极发挥人的主观能动性获取良好效果。

教科书管理机制的设立是为贯彻教科书管理服务的宗旨，加强部门管理、规范运作，以此提高教科书服务质量和管理工作效率。对教科书管理不能脱离学校

---

[1]　孙绵涛，罗建河. 教育管理理论若干问题的探索[J]. 教育研究，2004(9)：95-96.
[2]　萧宗六. 学校管理学[M]. 北京：人民教育出版社，2008：2，7.

管理的大环境，管理中制定的机制与规则必须与学校实际环境相适应，并切实可行。究其本质，学校管理是服务于学生发展的，是为了提高学校教育的有效性而对学校资源和事务进行组织安排的活动。由此可得出教科书管理是学校管理的组成部分之一，而且应该是不容忽视的一部分。

第二节　教科书管理机制的基本原则

一般来说，教科书管理机制应遵循以下五条基本原则，即整体性原则、弹性原则、反馈原则、质量为本原则以及择优创新原则。

一、整体性原则

（一）整体性原则的内涵

系统论首先强调整体性原则，它是贯穿系统方法的精髓。整体性原则就是把认识对象作为各个组成部分构成的有机整体，以整体为出发点和归宿研究事物及其过程的性质、构成和发展规律。[1] 整体性可从两方面来理解，一方面系统和要素不可分割，另一方面系统的整体功能不等于各组成部分的功能之和。马克思从整体性原则的角度考虑运动和事物的普遍联系，在组成整体的过程中层次、部分、结构、环境和功能各部分不可或缺。因此，整体性原则要求人们用全局性的眼光看待问题，既要分析构成整体的各个要素，还要优化整体结构，使得各部分组合大于整体的效果，即为"1 + 1 > 2"的效应。

---

① 张友谊. 试论系统方法的整体性原则[J]. 理论学刊, 1988(2) : 18-20.

（二）整体性原则要处理的三种关系

从本质上梳理整体性原则内容，做到科学地认识整体性原则，应厘清以下三种关系：

一是整体与部分的关系。整体与部分分处于两个层次，整体由部分构成，部分是整体的组成要素，两者之间互依互存、和谐共生。整体作为部分的合集，并非相互之间简单的叠加，而是按照一定的规律组合形成整体，各部分及构成要素之间发挥联系与互动作用积极促进整体的合成发展。整体性原则要求我们在看待事物的过程中注意与内容层次间的各种相互关联，用动态、联系、发展的眼光看待问题。

二是整体与结构的关系。结构是部分成为整体的联系过程或组织构成，也即构成整体的内部和外部逻辑与联系，对整体和部分具有决定性影响。① 系统通过相互间的作用与协调，组织细碎、零散的内容，用以发挥整体的功能。

三是整体与环境的关系。整体受外部环境的影响，通过信息间的交流与转化维持机体自身的发展。整体既要通过外部环境调整自身，又要作用于环境，为改变环境发挥新的作用与能力。

综上，整体与部分、结构、环境间是动态联系与发展的过程，其关系既保持矛盾又相对统一。

在教科书管理的过程中坚持整体性原则需注意：首先，保证教育管理目标的完整性。明确教育为培养德智体美劳全面发展的社会主义建设者与接班人，教科书在管理过程中要综合"五育"要求，相互作用，协调共进。其次，协调相关教育管理部门。在教育行政部门的统一指导下，组织相应的教育和管理机构开展相互合作，以此发挥教育管理系统的整体功能。再次，落实教育管理内容的统一性。面对不同年龄阶段学生的实际发展要求，应按照不同层级对教育

---

① 陈妍. 新时代大中小学思想政治教育衔接研究[D]. 武汉：华中师范大学，2021：94.

管理的内容作出调整与安排，使得教科书管理工作更具适切性。最后，要在家庭、学校和社会三方面协调教育影响，保证教科书管理工作顺利有效地开展。

将教科书管理工作视为整个"系统"，其管理活动应在各个部门、工作人员等环节中建立关联性，运用整体性的方法和手段，实现教科书管理工作的最终目标。建构教科书管理机制必须注重内部要素与外部要素之间的关系，从系统思维角度出发，进行整体性建构。教科书管理既是教育管理的一个子系统，也是一个诸多要素有机结合构成的统一整体，要着力从整体上把握教科书管理的大系统，从整体上作好规划部署，在此基础上合理分解目标与责任，有效整合。关键是要正确处理和协调总体与局部以及各个层级之间的有机联系，有效提高教科书管理的效能。

二、弹性原则

（一）弹性原则的内涵

弹性本身为物理学概念，是物体本身的特性，物体受到外力作用变形后，去除力的作用能恢复原来的状态。弹性是人本身的物理属性，为人所决定，又因为人的个体差异，具备不同的自我控制和调节的能力，即人具有弹性使得管理主体具有弹性。[①] 弹性原则是根据动态原理中"留有余地"的思想而提出，即为灵活调节工作任务，紧密联系生活实际，具备适应环境变化的能力。在实际中，教育影响管理的因素包括可控因素和诸多不可控因素，因此把握教育管理的弹性格外重要。

（二）弹性原则的内容与特点

弹性原则具体包含三方面内容，具体阐述如下：第一，注重实效性。弹性原

---

① 常少怡. 弹性管理在天津市和平区公务员管理中的应用研究[D]. 延安：延安大学，2015：8.

则在管理中实现目标具有可调节性，根据固定目标，切实有效地采取行动实现目标，即为弹性原则的实效性。第二，"凡事多留一手"。储备多一种方案，用以调节环境变化过程中意外与紧急情况的发生，弹性采取应急措施进而保障最终管理效果。第三，具备长远观点和风险意识。注意增强整体弹性，在人力、物力、技术水平与市场关系等方面不断积蓄势力，提高自主活动的自由度，具有适应环境条件剧烈变动和在大风大浪中的能力。[①] 管理要求在原有决策存在较大失误的情况下，留有空间调整决策目标，根据实际所需作出正确应对策略。

　　管理中的弹性原则具有独特性，在实施的过程中应注意以下几点：首先，留有余地。尽量考虑管理过程中的多种要素，综合平衡管理中的各种关系，获得最佳效益。正所谓"多一种选择，多一条路"，科学推测问题发生的结果，保持重要环节的可调节性。其次，因时制宜，随机应变。管理并非机械式的一劳永逸，其过程随内部条件与外部环境的变化不断改变。审时度势严格把控管理细节，谨慎、细致、灵活应对潜在问题，收放自如，做好动态管理。最后，软硬兼施。"软"为管理中感情的投入、情绪的融合等感性条件。"硬"为管理中机制、制度、条目的设立，遵循管理的规章制度，从理性的层面开展工作。软管理与硬管理相互结合灵活应变，可以更好保障管理工作的弹性。

　　根据管理的范围，弹性可分为整体弹性与局部弹性两种类型。整体弹性是调整系统与环境之间的变化，适应环境的发展要求；局部弹性是使系统结构处于动态的协调之中，为各个环节和子系统留有余地。根据管理的应用性质可分为积极弹性与消极弹性。动态管理属于积极弹性，遇事多一种准备方案，在关键环节具有相应的选择空间。在教科书管理过程中，动态原理要求教科书管理系统具有弹性，以调节系统与环境之间的关系，确保管理系统功能的实现。教科书管理中的弹性是指管理的各个环节尤其是关键环节必须留有余地，整个教科书管理系统具

---

① 陈长里. 浅议系统动态管理思维[D]. 桂林：广西师范大学，2003：18.

有可塑性和应变力，保持各方的可调解的伸缩性、灵活性、适应性，以及适应客观事物各种可能的变化、保证实现既定的管理目标。

三、反馈原则

（一）反馈原则的内涵

反馈是指控制系统把信息送出去，再返送回来，以便对信息的再次输出产生影响，起到控制作用，达到预期。若系统离开反馈，则不能及时接收与处理信息，无法调节自身，导致失控，不能完成既定目标。所以，反馈是对系统自身行为实行调节和控制不可缺少的重要环节。

（二）反馈原则的特点

系统发展中遵循反馈原则，应注重反馈的及时性、适度性与准确性特点。首先，及时性。在教科书管理中，注重管理目标和现实之间的矛盾变化关系，把握信息的有效性特点，根据反馈信息采取措施，使得教科书的整个管理在最佳的状态下运行，以此获得目标范围内的理想效果。其次，适度性。教科书管理要防止反馈不足和反馈过度现象的发生。反馈不足表现为对教科书信息反馈的控制力度不够，易在教科书系统运行过程中出现偏差；反馈过度表现为在实际工作中矫枉过正，易造成管理从一个极端走向另一个极端。最后，准确性。教科书管理的过程要对目标的反馈信息作出仔细的甄别，给予正确的判断与调节，利用反馈优化管理系统，及时准确地处理信息管理过程中存在的问题。遵循及时、适度、准确的特点与原则，切实合理地完善教科书管理系统，进而保障教科书管理工作的顺利开展。

在教科书管理中坚持反馈原则，是系统将信息输送出去又将其作用结果的信息返送回来，并对信息的再输出起到控制作用。现代管理强调，当面对复杂多变的客观环境，管理有成效的关键在于该系统具有及时、准确和有效的反馈。因此，教科书管理要求建立完备的反馈制度，配置负责信息反馈的专业人员，保持畅通的反馈信息通道，以实现有效控制。

四、质量为本原则

质量是管理之本，建立以服务为核心的全面质量管理体制，有利于培养具有良好价值取向的质量文化，它对全面提升教育管理质量具有深远影响。教科书质量管理属于教育质量管理的重要一环，在管理过程中应坚持质量为本原则，要注意做到"三全管理"与"两个结合"。

（一）"三全管理"

笔者将从全方位开展教科书的质量管理总结概括为"三全管理"。第一，全过程管理。教科书管理是一个多层次的周期性过程，为完成质量控制，应事先做好设计与预防，对影响管理过程质量的要素加以克服。从教科书的研制、审定到出版、发行、选用的全过程，均需要保证质量，只有关注到教科书的每一个环节，总体质量才会得到保障，管理工作效率才得以提高。第二，全人员管理。质量管理是全员参与的管理方法，关键在于配置机构、安排人员、划分权限，充分调动管理人员的积极性，还包括根据不同情况灵活地采用不同的管理策略与方法。教科书的全面质量管理，需要各部门、各机构输送大量人才，各个个体之间全身心投入工作之中，将教科书整体质量的提升作为全体工作者和管理人员的奋斗目标。第三，全面性管理。教科书管理的内容具有全面性，包含内部质量和外部质量双重管理，注重对学生"知识、能力、素质"的全面关注，整体提高教科书的编撰与管理质量。除此之外，及时修正与合理反馈在教科书管理中发挥重要作用，发现问题，及时修正，在总结、反思与完善管理过程中不断进步。

（二）"两个结合"

教科书的全面质量管理应坚持"两个结合"。一方面坚持管理目标与管理过程相结合。目标为管理指明方向，过程保障整个管理环节的运作。教科书管理过程是将总体管理目标分解，再进行分阶段管理与分层管理，组织不同的教育力量共同实现管理目标。另一方面坚持宏观管理与微观管理相结合。宏观管理以实现总体目标为目的，而微观管理则是以达到具体标准为前提。[1] 宏观管理以整体为出发点，追求最终效益；微观管理则服务于具体目标，从各个方面管质量和管各个方面的质量。教科书管理只有将宏观管理与微观管理相结合，宏观才会有坚实的基础，微观才会有奋斗的目标。

在教科书的质量管理中，宏观指教育部及各级教育行政部门或是教科书建设自身的总体部署，微观指学校教科书管理部门或是学校教科书建设中某一种或者某一类教科书的具体管理。这种自上而下的教材建设管理体制，对各级教材管理部门的职责和分工都有明确而具体的落实和安排，使之做到各行其责，各司其职，形成教材管理的职能性网络。[2]

五、择优创新原则

（一）择优原则

择优原则主要指对现有对象进行比较分析，从中选择最佳对象的过程，是以尽可能少的资源消耗产生最大的现实效用，选取最为合理经济的方案。教育部将竞争机制作为教材选题及编写提纲招标的手段，还将其作为主编选拔的手段，即依靠专家，通过申报，评审确定主编人选，择优落实。[3] 择优概念具有以下两个特点：其一，择优体现一种效率观。效率是经济学领域的专有名词，教科书管理中择优的根本目的为，在有效控制的外部因素条件下，实现管理效益的最大化，这也是用人单位对人才进行良性配置的重要保证。其二，择优体现一种竞争观。

① 郭蜀燕，李飞雄，张雄. 高校教育全面质量管理运行系统与环节研究[J]. 中国高教研究，2005(1)：89 - 90.

② 张建羽. 高校教材建设管理机制改革探析[J]. 黑龙江高教研究，1996(6)：43 - 45.

③ 刘学智，丁浩然. 我国高等教育教材制度：沿革、问题与路径[J]. 东北师大学报（哲学社会科学版），2020(2)：140 - 147.

从择优的角度看，竞争的作用主要体现在对择优的规则作出制约，即任何择优的过程，都必须是个人或团体通过自身努力，证明自己比他人更加优秀的过程。[①]因此，竞争实则为一种优胜劣汰，在管理过程中只有充分发挥自身的创造性与潜力，才能获得整体提高。对教科书管理而言，从教科书研制审定、出版、发行到选用供应，每个过程都要求达到最优控制和最优管理，从而为教科书选用优化的管理系统方案。

（二）创新原则

经济学家约瑟夫认为将"新的关系"带入已有的生产过程，在生产体系中引入生产要素和生产条件的新组合即为创新。简单理解为，创新是在原有成果的基础上，优于现有状况而提出的新技术、新方法和新理论，其内在的三层含义为：更新、创造新的东西与改变。在创新的过程中坚持一切从实际出发，将理论与实际相结合，使得创新理论更好地发挥指导实践作用。

创新是管理的核心内容之一，现代管理的观点认为，管理的本质工作内容为创新与维持。有效的管理工作就是在系统的运行过程中，为适应系统内部与外部变化做出局部或整体性调整，以保障系统适度维持和适度创新，并在整个过程中不断呈现出新形态，这即为管理学中的创新原则。在教科书管理中，首先，以创新教育理论为核心，加强对学生创新能力的培养，提高学生综合素质，进而实现教科书体系建设培养创新型人才的管理目标。其次，在教科书的编写方面应具有创新意识，在其体例内容方面具有独特性、创新性。最后，在教科书管理方面要创建具有自身特色的教科书管理模式。

创新原则是引入新的管理理论方法和新的管理机制，从而提高教科书管理系统的适应能力。1. 以项目为主导的多样化管理机制。教材管理以项目化形式进

---

① 沈冰清. 政治录用中的公平和择优［D］. 上海：复旦大学，2013：40.

行，其目的是在教材编审过程中避免可能出现的机制体制障碍。[①] 2. 完善教科书准入与退出机制。对于教科书的准入，国家应制定资格标准，对相关人员及机构设立准入门槛，并对指定的规则作出详细解释。教科书的退出机制即开展教科书的审查工作，对违背政治性、科学性原则的教科书做好及时清理。3. 健全教科书监督机制。依法建立决策机构，对教科书的管理工作作出科学合理的解释，让权力在阳光下进行，并将其关进制度的笼子里。

教科书管理过程中要坚持择优创新原则，从管理的各个环节全面把控质量，在获取经济效益的同时又能够优化系统方案。创新即为教科书管理的核心所在，不断调整方法、机制、人员等各程序环节，使得管理全过程更具进步性与优越性。

第三节　教科书管理机制的体系构建

教科书管理机制的体系框架主要包括决策调控机制、质量监控机制、信息反馈机制和动力保障机制，本节分别对四种教科书管理机制展开详细论述。

一、决策调控机制

（一）教科书规章制度设立

通过教育相关规章制度的设立与实施，进一步建立健全教科书决策与调控机制。教科书管理机制的确立应紧密结合党的方针政策，把握正确的价值导向。党中央、国务院在《关于加强和改进新形势下大中小学教材建设的意见》中明确

---

① 罗生全. 论教材建设作为国家事权[J]. 课程·教材·教法，2019(8)：4-11.

教材建设属于国家事权，这标志着党和国家对教材建设工作的认识上升到新的历史高度。教育部印发的《中小学教材管理办法》和《普通高等学校教材管理办法》强调教科书必须体现党和国家意志，全面贯彻党的教育方针并充分体现社会主义核心价值观。2020 年 1 月，国家教材委员会、教育部印发《全国大中小学教材建设规划（2019—2022 年）》，提出"实行统筹为主、统分结合、分类指导。注重整体规划，明确责任主体，实行国家、地方、学校分级管理。充分调动各方积极性，形成教材建设合力"。各级教材管理主体明确、职责明晰，形成上下贯通、多方联动的教材管理组织架构。① 全面加强党的领导，落实国家事权，加强教科书管理，打造精品教材，切实提高教科书建设水平。

（二）教科书专业执行机构

在整个教育大环境中，国家、地方与学校实行三级教科书管理制度，国家、省（自治区、直辖市）实行教科书两级审定制度。教科书权力机构主要包含：国家教材委员会包揽全国教材事宜，落实贯彻党和国家制定的方针与政策；专家委员会向国家教材委员会建言献策，提出动态有效的建议；国家教材委员会办公室设立在教育部，由教育部教材局承担相应日常工作；课程教材研究所联络课程研制、教材审查等工作的组织与协调，保障课程教材检测评价等工作的顺利实施；其他教材研究机构以及研究者则通过专业思路与研究成果为相关政策制定提供支持。各机构间具有严密的组织系统，为搭建科学、立体、专业的教科书建设体系贡献力量。

（三）教科书的决策调控机制

建构一个科学合理的教科书管理机制是教科书管理工作的关键所在。中华人民共和国成立以来，经过 70 多年的发展，我国已经建立起一个具有特色的教科书管

---

① 王荣华. 以健全机制推动落实《规划》和《四个教材管理办法》［J］. 教育研究，2020（3）：8 – 11.

理系统。

党中央强调要抓好"四个工程"，全面推进高质量教科书建设，培养好新时代社会主义建设者和接班人。党的十八大之后，我国教科书管理体制进入创新阶段。

第一，党中央、国务院是大中小学教科书管理工作的中枢，为最高权威决策管理中心，中宣部和教育部是其具体主管部门，其中中宣部负责教科书的政治思想意识形态管理，教育部负责业务领导。教育部教材局行使国家教材委员会办公室职能。国家新闻出版署对教科书出版、印刷负有领导责任，新华书店负责教科书发行，文化和旅游部负责整顿文化市场问题，国家发展和改革委员会、财政部、国家市场监督管理总局负责监督教科书定价及供应问题，国家监察委员会负责监督教科书发行问题，国家邮政局、交通运输部负责教科书运输工作。

第二，教育部教材局、基础教育课程教材发展中心负责协调、组织和规划设计全国中小学教科书建设事宜。中小学教材审定委员会及各科教材审查委员会为教科书审定机构；课程教材研究所与人民教育出版社为中央级专业教科书研究编写和编辑出版机构，兼有全国中小学教科书建设的研究、编写、出版、资料中心的职能。

第三，省级教委（教育厅、教育局）为各省份范围内教科书业务主管部门，其下设的教材审定委员会负责审定本地自编的教材，其所属的教材研究所（室）负责教材研究工作，省级教育出版社负责出版本地自编的教材，省级新华书店主要负责本地的教科书发行工作。①

二、质量监控机制

质量监控始终是教科书管理的核心，做好教科书质量的分析、监测、控制和

---

① 曾天山. 教材论[M]. 北京：人民教育出版社，2019：172-173.

评估，对于提高教科书质量具有重要意义。对教科书质量进行系统监控（如图2-1），即对教科书建设的全过程实施有效监控，主要包括以下三个方面：

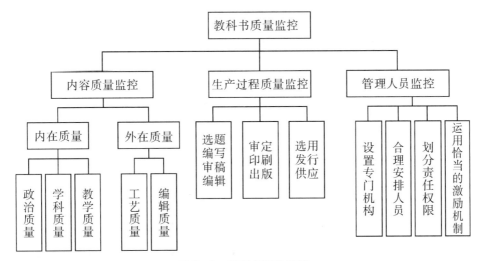

图 2-1 教科书质量监控

（一）教科书内容质量监控

在内容质量监控上，主要包括教科书的内在质量与外在质量。教科书的本质内涵在于应符合课程标准的相关规定，最大限度满足学生学习与教师教学的需要。一方面蕴含着与教科书相关群体对其质量的主观期待，另一方面包含教科书自身的物理指标与潜在的内容指标均需符合标准规定。因此，我们认为，教科书文本的质量以及教科书实际的使用效果统称为教科书质量，更确切地说，前者称之为教科书的内在质量，后者称之为教科书的外在质量。① 内在质量主要涉及教科书文本内容，后者主要涉及教科书外在的物理属性的质量。内在质量包括政治质量、学科质量与教学质量。政治质量上的把控是教科书内在质量的重要维度，任何教科书都必须接受政治标准的审定与评价，政治质量要符合国家主流价值观。学科质量要求确保教科书的科学性，即教科书内容的正确性、真理性，不能

---

① 孔凡哲，史宁中. 教科书质量及其影响因素[J]. 教育发展研究，2007(12)：13-17.

出现所谓的常识性、科学性错误，这是对教科书内在质量的首要要求。教学质量要求有利于教和学，教科书要激发学生的学习兴趣与积极性，确保文字优美且有特色，力求通俗易懂。"教科书作为教与学的特殊文本，具有其特有的便于教和便于学的特性，这一特性是保证教科书成为教科书的根本。"① 外在质量主要体现在教科书出版特性或制作质量上，这一维度涉及教科书的工艺质量和编辑质量，包括版面设计、插图选取、纸张选择、装帧与外观方面的质量。版面设计包括字体、字号、字间距与行间距、版面留白、页码等，它们的呈现形式直接决定着教科书外在质量的高低；插图选取要做到图文匹配；纸张选择包括用纸颜色与用纸重量；封面设计和装订形式是装帧与外观的主要表现形式。②

（二）教科书生产过程质量监控

在生产过程质量监控上，从教科书确定选题、编写、审稿、编辑、审定，到印刷、出版、选用、发行、供应的全过程，均需要确保质量。审定是质量监控的关键所在，出版和印刷是质量监控的重要内容，为此需要确定教科书质量评价指标体系，建立定期评估制度和评奖制度。③

建立教科书监测反馈机制，一线教师、学生和教科书编写机构单位等主体对教科书实行动态的跟踪与评估，用以查缺补漏，反馈意见，及时淘汰质量不达标的教科书。从学生、家长、教师以及教研人员等不同角度收集教科书使用过程中的意见与建议，使得对教科书的监测问题真正能够反馈到生产过程的各个环节之中。教育部门牵头，协调相关主管部门，共同做好教科书质量管理工作，通过协调工作机制，进一步保障教科书建设与管理工作的顺利开展。

顺应新时代社会治理的趋势，推动教科书编写、审定、选用环节的规范化，

---

① 李新，石鸥. 教学性作为教科书的根本属性及实践路径[J]. 课程·教材·教法，2016(8)：25-29.
② 石鸥. 教科书概论[M]. 广州：广东教育出版社，2019：204-217.
③ 曾天山. 教材论[M]. 北京：人民教育出版社，2019：178.

多元主体参与教科书建设。在编写环节，既包括教育部统一编写的三科统编版教科书，也包括由多个出版社共同编写的非统编版教科书；审定环节在国家、省（自治区、直辖市）两级教科书审定制度下开展；选用环节由教育行政部门或是学校成立的选用委员会共同完成。教科书的选用行为是在国家教育行政部门所圈定的范围内，必然不是任意的、游离于国家的基本政体之外，而是在以国家意志形塑的体系范畴之内。①

（三）教科书管理人员监控

在管理人员方面，质量监控是全员参与的管理，教科书质量的提高是编审人员、编辑人员、印刷人员与管理者共同协力的结果；其中关键在于设置专门机构、合理安排人员、划分责任权限，同时运用恰当的激励机制，充分调动全体人员的积极性，监控教科书生产全过程，达到对教科书质量监控的目的。

管理过程中的激励即根据人自身的需要，通过科学运用外部刺激，调动积极性，朝向一定目标前进。激励作为教育管理工作的重要方式之一，一是要根据用人的需要，选择恰当的激励方式；二要注意激励的适时适度性，激励的数量与强度要相称才能得以长期保持；三要正确处理正、负激励间的关系，激励过程中以正向激励为主，适当运用负向激励，正负结合用以合理保障激励结果。教育管理工作中的激励机制就是要研究和了解员工的需要，运用特定的刺激手段去激发其动机，设置明确而有意义的目标去引导他们的行动。② 将目标实现与个人需要结合起来，以此调动人的积极性。激励机制运用得当会激发形成公平合理的竞争关系，营造良好的竞争氛围。不论是物质层面的激励措施，还是精神层面的激励措施，都是对主体自身社会价值的一种肯定。公平合理地运用激励机制，能够激发教科书管理人员的积极性，不断反思与提高自身工作能力。

---

① 靳玉乐. 教科书选用的运作机制及其改进[J]. 课程·教材·教法，2014(8)：12 - 18.

② 汪波. 教育管理工作中的激励机制[J]. 教育理论与实践，2003(16)：25 - 26.

三、信息反馈机制

（一）信息与反馈

信息是普遍存在的，任何系统的有效运行都离不开信息的传递与反馈。信息论认为系统是通过获取、传递、加工、处理各种信息实现其有目的性的运转。信息化社会更需要在教科书管理过程中做好资源的有效沟通与反馈，为改善教科书的自身质量获取有效保障。管理过程中对信息质量的要求主要包括：①信息要具有完整性。稳定的文件制度等信息和系统内外部随时间变化与发展的动态化信息都应具备完整性。②信息要准确及时。信息要反映事物的真实情况，对其反馈与传递的速度既要快又要及时。③信息要经济适用。信息要与从事活动的使用者条件相符合，信息的处理过程要简单明了，以节约相关使用经费。

（二）信息反馈机制的建立

反馈机制是评价主体运用某种方式将评估后的结果反馈给评价客体的运行机制。信息反馈机制是教育评价体制中尤为重要的一环，是指信息资源在整个环境系统中传递的方式与过程。

信息反馈需要注意的是：第一，信息反馈需要各教育管理相关部门及教育工作者之间密切配合；第二，信息反馈不具有层次性，信息的传输者与接收者都具有广泛获取信息的功能；第三，教育管理工作者既是信息的接收者也是反馈者，因此在管理内部建立行之有效的信息管理制度是一种较好的收集反馈信息的方式。

建立信息反馈机制有以下几点要求：首先，信息既具有滞后性又有很强的实效性，准确、迅速地获取反馈信息，努力做到认真核实并实事求是才能将信息的价值最大化；其次，保证信息传递与沟通渠道的顺畅度，为教科书科学的管理决策提供思路；最后，利用现代化工具获取信息，借助互联网现代信息技术，鉴别信息的真伪，传递正向信息，筛选排除负向信息，进一步提升信息反馈的控制力度，保障信息的准确性与真实性。

（三）教科书的信息反馈机制

完备的信息反馈机制是现代管理的一个突出特征。高效的教科书管理系统必须具有现代管理系统的共性，即充分依靠信息及信息反馈，形成闭环，从而实现信息反馈。教科书的信息反馈首先要求信息通道畅通，并做到灵敏、全面、准确、有力。教科书信息反馈机制见图 2 - 2。

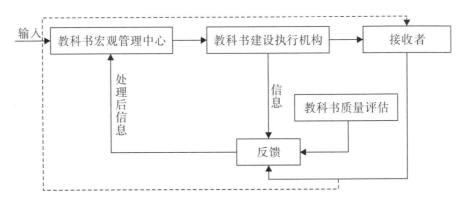

图 2 - 2 教科书信息反馈机制

因此，教科书管理不能只依赖于行政部门的反馈，首先，必须增加信息反馈途径，建立信息接收部门，真正形成畅通的反馈回路。其次，信息反馈机制要求有准确高效的信息分析系统，这是信息反馈机制的核心和关键。最后，反馈信息要转化为及时有力的行动，实行适时且有效的控制，以修正偏差。教科书管理系统最好的敏感反应元件应当是接收者，从中可得到最及时、最有直接感受的原始信息，为此需要改善信息的反馈系统。信息控制的范围是广泛的，除质量之外，还涉及教科书的数量、品种、供应、销路、经济效益、社会效益等，追求最佳的综合效果。①

----

① 曾天山. 教材论［M］. 北京：人民教育出版社，2019：180.

四、动力保障机制

（一）动力机制

在社会科学领域中，"动力"包含如下几层内涵：①事物运动、发展与变化的推动力量。②矛盾是事物发展的动力。马克思主义哲学指出，矛盾是事物所反映的包含既相对独立又相互统一的关系范畴，此为唯物辩证法的核心。矛盾是事物发展的动力，包含事物的内在矛盾与外在矛盾，两者分别构成事物发展的内因与外因。③需求与动机是行为的内部动力。动力机制既要满足需求，又要对需求进行调整与引导。"需求"属于动力机制最基本的范畴，美国心理学家马斯洛提出需求层次理论，总体分为缺失性需求与成长性需求两种类型。从层次的底部向上，人的需求分别为生理需求、安全需求、爱与归属需求、尊重需求和自我实现需求，前两者为缺失性需求，后三者为成长性需求。不同种类的需求构成人在成长过程中的动机源头，人类为完成自身所需获得动机，逐步走向需求层次的顶端。

动力机制是一种带有动力源性质的机制，它包括内部动力和外部动力。动力机制有两层内涵：一方面指事物内部诸要素、部分、环节之间相互作用的机理与方式；另一方面指事物作为整体和外部环境之间相互作用的机理与方式。① 前者是事物运动、发展与变化过程的内在依据，后者是事物运动、发展与变化过程的外在条件。因此，对动力机制的考量应从事物的内在依据与外在条件的双重角度加以思考。在社会科学领域，动力机制的稳定发挥可以使事物的运动、变化与发展过程由被动走向主动。

（二）保障机制

保障指运用保护手段与被保护的事物间构成的可持续发展支撑体系。保障机

---

① 曾昭皓. 德育动力机制研究[D]. 西安：陕西师范大学，2012：35.

制运用保障手段诠释保障的功能，将教育的各个方面统一整理起来共同发挥作用。其共有三种方式：一是提供经费、设备等物质条件；二是提供观念导向、政策支持和制度保障等精神条件；三是提供管理或服务。① 随着社会的发展与进步，为满足人类不同层面的需求，保障机制包括多种类型，如物质保障、组织保障、制度保障和人员保障等。保障机制的设立有利于在物质与精神层面加强被管理对象积极性的发挥，尤其在精神上保障被管理者主体性的发展。动力机制与保障机制互为依托，共同推进教科书管理机制的良性运转。

（三）教科书的动力保障机制

动力保障机制是教科书管理机制中重要的机制之一。高质量教科书建设需要通过一定的组织机构和专业人员的活动去实现，必须借助动力保障机制才能实现既定的管理目标，教科书的动力保障机制见图 2–3。

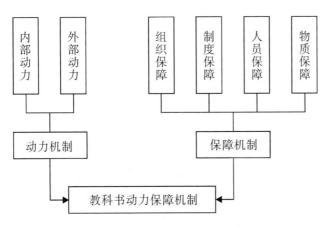

图 2–3 教科书动力保障机制

内部动力和外部动力是两种起激励作用的主要动力机制。国家在教科书建设上投入必要财力、物力，这是物质保障机制，同时必须重视组织、制度与人力资源的作用，必须合理配置与布局，充分发挥各方面参与教科书建设的积极性。

---

① 孙绵涛，康翠萍. 教育机制理论的新诠释[J]. 教育研究，2006(12)：22–28.

第三章

教科书研制与审定管理

教科书建设是一项系统工程，为此需要从研制、审定、实验，到出版、选用、发行等进行全过程管理。教科书研制是教科书从诞生到走向教学一线的第一步，教科书审定则是教科书走进课堂教学的最后"关口"，构建完善、有效、科学的教科书研制与审定管理制度对于提升教科书管理水平具有重要意义。

第一节　教科书研制管理

一、教科书编写过程管理

教科书编写通常是由专门机构根据国家或权威教育机构指定的课程标准，结合学科研究的前沿成果和自身的教育哲学观点，有计划、有目的地编写制作，并通过印刷的形式呈现出来。[①] 教科书编写的意义和价值主要体现在以下方面。

首先，教科书编写是体现国家意志的基本过程。教科书是国家意志、民族精

---

① 王郢. 教材研究导论[M]. 北京：人民出版社，2016：59.

神和科学文化知识在教育行为中的集中体现，① 承担着传递社会主流价值观的重要任务，在中国梦的实现上也起着重要的支撑作用。从世界范围来看，教科书建设是国家事权，没有一个国家国民教育体系中的教材编写不重视主流价值观和国家意志的体现。我国的教科书编写充分重视国家意志的体现，将社会主义核心价值观作为重要内容，使教科书为中国特色社会主义的建设和中华民族的伟大复兴服务。

其次，教科书编写是落实课程顶层设计的重要手段。根据美国教育家古德莱德的课程"层次论"的观点，理想课程是顶层设计和科学规划的产物，体现了观念层面的课程设计，而正式课程则是理想课程的物化成果，通常以教科书等文本形式呈现出来，教科书编写就是将关于课程的理想设计变成可操作的实体的关键和重要途径。教科书是连接实施课程和官方课程的桥梁。教科书编写是在认真分析和准确把握国家制定的课程方案和课程标准的基础上，对课程目标、课程内容等进行具体化和细化，从而变成易于教师和学生理解与实施的具体方案，并以教科书这一物质载体来表达。

最后，教科书编写是落实立德树人根本任务的关键环节。党的十八大以来，以习近平同志为核心的党中央提出我国教育的根本任务是立德树人，要培养德智体美劳全面发展的社会主义建设者和接班人。我国教育部印发《中小学教材管理办法》《职业院校教材管理办法》和《普通高等学校教材管理办法》，对教科书编写制定详实的相关规定。教科书作为学校开展教育教学的基本依据，是教师和学生开展教学活动的重要材料，教科书中的内容是经过精心编制而成，内容丰富深刻，是实现国家立德树人根本任务的关键因素。因此，在对中小学教育规律和学科课程标准深入研究的基础上，编写高质量教科书至关重要。

---

① 吴惟粤，黄志红. 中小学教材建设的实践与思考[J]. 课程·教材·教法，2004(2)：41-44.

（一）教材编写修订要求

1. 以马克思列宁主义、毛泽东思想、邓小平理论、"三个代表"重要思想、科学发展观、习近平新时代中国特色社会主义思想为指导，有机融入中华优秀传统文化、革命传统、法治意识和国家安全、民族团结以及生态文明教育，努力构建中国特色、融通中外的概念范畴、理论范式和话语体系，防范错误政治观点和思潮的影响，引导学生树立正确的世界观、人生观和价值观，努力成为德智体美劳全面发展的社会主义建设者和接班人。

2. 体现科学性和先进性，既相对稳定，又与时俱进，准确阐述本学科基本概念、基本知识和基本方法，内容选择科学适当，符合课程标准规定的知识类别、覆盖广度、难易程度等，及时反映经济社会发展新变化、科学技术进步新成果。

3. 着眼于学生全面发展，围绕核心素养，遵循学生成长规律，适应不同年龄阶段学生的认知特征，紧密联系学生思想、学习、生活实际，将知识、能力、情感、价值观的培养有机结合，充分体现教育教学改革的先进理念。

4. 注重教材的系统性，结构设计合理，不同学段内容衔接贯通，各学科内容协调配合。选文篇目内容积极向上、导向正确，选文作者历史评价正面，有良好的社会形象。语言文字规范，插图质量高，图文配合得当，可读性强。

5. 符合知识产权保护等国家法律、行政法规，不得有民族、地域、性别、职业、年龄歧视等内容，不得有商业广告或变相商业广告。

（二）教材编写单位应具备的条件

国家统编教材由国务院教育行政部门组织编写。其他教材须由具备相应条件和资质的单位组织编写。编写单位负责组建编写团队，审核编写人员条件并进行社会公示，对教材编写修订工作给予协调和保障。编写单位应当具备以下条件：

1. 在中华人民共和国境内登记注册、具有独立法人资格、与教育相关的单位或组织。单位法定代表人须具有中华人民共和国国籍。

2. 有熟悉相关学科教材编写工作的专业团队。国家课程教材编写单位应具有中小学教材编写经验。

3. 有课程、教材、教学等方面的研究基础，原则上应承担、组织或参与过国家级或省部级教育科学研究课题，研究成果有较大社会影响。

4. 有对教材持续进行使用培训、指导、回访等跟踪服务和研究的专业团队，有常态化质量监控机制，能够为修订完善教材提供持续、有力支持。

5. 有保证正常编写工作的经费及其他保障条件。

（三）教材编写人员管理建设

1. 教材编写人员应符合的条件

教材编写人员应经所在单位党组织审核同意，并由编写单位集中向社会公示。编写人员应符合以下条件：

（1）政治立场坚定，拥护中国共产党的领导，认同中国特色社会主义，坚定"四个自信"，自觉践行社会主义核心价值观，具有正确的世界观、人生观、价值观，坚持正确的国家观、民族观、历史观、文化观、宗教观，没有违背党的理论和路线方针政策的言行。

（2）准确理解和把握课程方案、学科课程标准，熟悉中小学教育教学规律和学生身心发展特点，对本学科有比较深入的研究，熟悉教材编写的一般规律和编写业务，文字表达能力强。有丰富的教学或教科研经验。一般应具有高级专业技术职务。

（3）遵纪守法，有良好的思想品德、社会形象和师德师风。

（4）有足够时间和精力从事教材编写修订工作。

编写人员不能同时参与同一学科不同版本教材编写。

2. 教材编写主编应符合的条件

教材编写实行主编负责制。一套教材原则上设一位主编，特殊情况可设两位主编。主编主要负责组织编制教材编写大纲、统稿和定稿，对教材编写质量负总责。主编须符合教材编写人员条件之外，还需符合以下条件：

（1）坚持正确的学术导向，政治敏锐性强，能够辨别并抵制各种错误政治观点和思潮，自觉运用中国特色话语体系。

（2）具有高级专业技术职务，在本学科领域有深入研究、较高造诣和学术威望，或是全国知名专家、学术领军人物，在课程教材或相关学科教学方面取得有影响的研究成果，有丰富的教材编写经验。

审定后的教材原则上不更换主编，如有特殊情况，须报负责组织教材审核的教育行政部门批准。

3. 教材编写团队的要求

（1）教材编写团队由本学科和相关学科专家、教研人员、中小学一线教师等组成，各类编写人员应保持合理结构和相对稳定，每册核心编写人员原则上不超过8人。

（2）意识形态属性较强的教材编写团队中，应有在马克思主义理论、中华优秀传统文化、革命文化、社会主义先进文化等方面有较高造诣的专家。

鼓励国内高校和科研机构的知名专家、学术领军人物与中小学优秀教师共同编写教材。

二、教科书审稿过程管理

在教科书的编审出版工作中，审稿是必不可少的一个环节，这既要对书稿政治内容和学术（艺术）质量作出基本评价，又要对拟采用的书稿提出具体的修改意见，教科书主管部门常据此决定书稿取舍，而编者又可据此修改。①

（一）审稿的基本原则

1. 必须纠正教科书中的政治性差错

出版社和编辑必须秉持正确的政治立场与观点，在编辑工作中必须态度鲜

---

① 曾天山. 教材论［M］. 北京：人民教育出版社，2019：188.

明，一切以国家利益和中央政府指明的立场为先。编辑审稿工作一定要保证出版物里不能出现政治性差错，尤其是严重的政治性错误。凡是错误的观点、立场、用词，一律要改正。有的出版物误导儿童和青少年，造成十分严重的后果，甚至是严重的政治影响。一旦发生这些错误，出版单位和相关负责人员就要负相应的政治责任。

2. 必须纠正教科书中的学术性和知识性差错

不管是深奥的学术著作还是专业性的知识读物，不管是艺术性的作品还是技术性的文本，都存在出现学术性差错或知识性差错的可能。编辑在对书稿进行审读的过程中，背后是无数事实、无数知识、无数思想的交汇与碰撞，是对书稿内容的理解与升华的过程。书稿中观点、事实、史料、逻辑等方面的好坏影响着作品的质量优劣，若出现差错还会影响读者对作品内容的吸收了解。

3. 检查教科书的结构和文字表述水平

书稿结构的合理性、平衡性，书稿内容在层次上是否分明、次序上是否有理有序、内容和文字有无重复与缺失、有无错字、是否言之无物等，都需要编辑在审稿时仔细审查并修正。编辑在审稿过程中若发现书稿中存在相关问题，应及时向作者指出，并向作者提供具体改进的建议。

需要编辑关注的另外一个重要方面就是书稿中的文字表述。书稿中的文字表述应该具有准确、简练、通顺、前后连贯一致的特征。

4. 必须纠正错别字，规范标点符号和书稿版式

书稿中的错别字、不规范的标点符号，以及书稿版式不规范统一，都是需要格外仔细纠正的，否则会导致整体编校质量不合格。

（二）审稿一般程序

1. 预审

预审的基本程序是：①阅读全稿，编辑依据自身的学识能力对作品的创作水平、学术水平和出版价值给出一个初步的判断。②对书稿进行抽样审读以确定书

稿中存在的差错情况，再根据差错情况决定是否需要退修。③对书稿在政治和意识形态方面有无错误倾向进行重点关注和审查；检查书稿是否存在较明显的知识性差错。

预审书稿的意义在于：编辑通过通读书稿从整体上把握书稿情况，在自身已有知识储备的基础上确定对书稿是"接受"，还是"退修"，抑或"退稿"。若接受书稿，那么通过预审，编辑对书稿情况有了整体了解，对下一步如何审读和修改书稿也就有了定数。预审后，若编辑认为书稿质量基本符合要求，但存在一些缺陷，那么在这一环节应该同作者进行沟通交流，提出建议，交换意见，明确修改要求，以使书稿达到出版水准。若书稿不符合要求，需要作退稿处理，预审能避免盲目审读到最后才决定退稿而造成的时间和人力资源的浪费。

2．初审

（1）检查目录与正文标题是否一致，有无遗漏或差错，以免存在作者对正文中的章节标题进行了改动，却漏改了目录页的问题。

（2）检查书稿结构的合理性。结构不合理现象包括：有些书稿中存在大量与主题无关的文字内容；有些书稿过多引用了他人的作品；有的章节内容文不对题；有的书稿存在小题大做或大题小做的问题；有些为了拉长自己作品的篇幅，复制粘贴了大段文字，使书稿内容变得冗长拖沓；有些书稿逻辑性混乱，文字语段间缺乏连贯性和条理性，或者章与节之间失衡等。

（3）确认著作的创新性观点及意义。作者应阐述清楚自己书稿中的哪些论点具有创新性，并作出确认。书稿中不得大量引用他人多次发表过的内容，或者没有自己的观点，人云亦云。对于文艺作品和文化读物而言，同样也应具有创新性，在题材、写作手法、艺术风格等方面都要求有其独特性。

（4）对书稿内容进行仔细审读，审读内容主要包括以下方面：

①是否存在政治性错误；

②是否存在违背法律法规、政策规定的言论；

③是否存在违背社会道德规范的内容；

④是否存在与真理与事实不符的观点；

⑤是否存在史料与史实的错误；

⑥是否存在学术性错误；

⑦是否存在语法错误、逻辑错误和用词错误；

⑧概念、术语、名称、数据、资料、引文是否准确；

⑨翻译（文言翻译、外文翻译、中文翻译）是否准确；

⑩是否存在错别字、不符合规范标准的异体字；

⑪算式、计算过程、习题答案是否正确；

⑫量词、计量标准和数字的用法是否规范；

⑬标点符号的使用是否正确；

⑭外文单词的拼写、外文的大小写、外文语句的语法使用是否准确等。

（5）检查版面上的编排格式是否正确、统一。

编辑需要检查编排格式，比如标题及正文的字体和字号、图片和表格的位置、版面、图文的版式、版心规格、版面空白、页码标号、注释、书眉、文献著录格式，等等，使其正确、统一。

3. 复审

主任编辑或出版社领导委托的编审、副编审负责书稿的复审工作。复审阶段要求编辑与所审书稿专业对口，或复审编辑至少应该对书稿所属的学科领域较为熟悉。复审阶段，书稿的政治性和学术性审查是复审编辑的重要责任，并且复审编辑要对初审编辑的工作和书稿作出评价。

复审的步骤和要求如下：

（1）检查初审工作是否达到标准，并对初审质量作出评估。若书稿存在以下问题之一，应将书稿退回初审编辑：①相关手续的表、单填写有误，或必填信息有遗漏；②编辑技术方面存在问题，如书稿体例不一致；③书稿内容或结构存在问题；④文字差错率超过万分之一。

（2）通读全稿，对初审环节疏漏掉的或初审编辑无法解决的问题进行纠正，并从政治、知识、文字、技术方面对书稿中的差错进行进一步修正，对书稿的学术质量、文字表达水平、出版价值等总体情况作出判断，并做好审稿记录。

（3）对初审环节未能解决的政治性、学术性问题提出处理意见；若复审编辑同初审编辑、作者进行商榷后仍未达成一致意见，则应该以书面的形式向终审编辑提出，或向总编辑报告。

4. 终审

终审是审稿流程中最后一个也是最关键的一个审稿环节，终审结束意味着书稿基本定型，所以编辑在终审环节必须做到格外严谨和慎重。

终审工作涵盖到初审和复审的全部工作要求，必须纠正所有差错。要保障出书不出问题，需要终审编辑具有更广泛的知识结构、更深厚的文字基础、更高超的学术水平、更精练的编辑技术、更敏感的纠错意识、更高的政治素质和水平等，认真审查书稿，做到万无一失。

终审环节的重点在于对书稿中政治性差错的纠正，同时编辑需要兼顾艺术、文化、学术等重要方面。终审环节要解决初审、复审环节中存在的所有的"疑难杂症"，使审稿的三个环节形成合力，否则会导致整体编校质量不合格，甚至会使书成为废品。

（三）审稿中的政治性问题处理

政治性问题的鉴别和处理是编辑在审稿过程中尤其要重视和谨慎的一个方面。政治问题无大小，编辑不能忽视、不能糊涂、不能麻木，更不能持错误立场。严重的政治性错误可能会造成极其严重的后果。在审稿过程中，编辑应关注书稿中涉及政治性问题的表述是否正确。从类型角度，可以将"政治"分为意识形态、政治立场与观点、社会公德等几个方面，涉及重大方针政策、基本路线、国家法律、国家领土、国家机密、军事、外交、宗教、民族、对政治人物的评价等。具体而言，相关政治性差错可能是以篇章、段落、句子、语词等形式出现，在观点表达、评论乃至翻译中存在错误。这就要求编辑树立起正确的政治观、哲学观和历史观，保持高度的政治敏感性和警惕性，才能在审稿中发现并修正书稿中存在的政治性错误，修正片面的思想和偏激的言论。

第二节　教科书审定管理

一、教科书审定制度的核心要义

（一）教科书审定相关概念澄清

2020 年，国家教材委员会、教育部印发《全国大中小学教材建设规划（2019—2022 年）》（以下简称《规划》），这是中华人民共和国成立以来首次对各学段、各学科领域教材建设作顶层的系统设计。《规划》明确指出：坚持"凡编必审""凡选必审"。审定在内涵和外延上应较审查更广，"审定"含有"审查并予以核定"之意，为审查通过后之附随程序。因此，教材审定可界定为教材经审查而核定其内容。教材审定在事实层面上体现了"社会控制"的流程，是"法定知识确认"的过程，有利于国家主流意识形态的贯彻和传承。[①] 据此，教科书审定的任务是对教科书意识形态的控制、教科书社会性的引导、教科书质量的评价和教科书编写的把关，教科书审定具有政治性、权威性、工具性和教育性特点。

---

① 石鸥. 教科书概论[M]. 广州：广东教育出版社，2019：254 –255.

（二）教科书审定制度的构成要件

国内外教科书审定的相关法律法规和政策文件对教科书审定制度的法律依据、审定主体、审定标准、审定程序、审定委员会和审定监督救济机制作出了明确规定。以上六个方面作为教科书审定制度的构成要件，形成了教科书审定的整个图景，既包括宏观层面的顶层设计和国家治理图景，也包括微观层面的实践操作和组织运作图景。具体而言，教科书审定的法律属性和法律规制是教科书审定制度安排的逻辑起点，是确立教科书审定标准和程序的理论基础；审定主体的职权范围和权力边界反映了教科书审定制度的宏观治理理念；教科书审定标准的分类体系和指标内容是教科书审定制度的实体内容与价值标尺；教科书审定程序和具体操作流程揭示了教科书审定制度的实际运作过程；教科书审定委员会的内部组织运作方式则反映了教科书审定制度的微观运作模式；教科书审定监督救济机制则是教科书审定制度公平公正的保障。

二、教科书审定制度的作用

（一）保障教科书的质量，实现国家教育目的

通过审定的教科书经过了层层筛选与核查，以及无数次的探究与修正，凝聚着相关学者、专家、出版人员的知识与智慧、付出与心血。通过审定的教科书在内容上更符合学生的身心发展特点与认知发展规律，能反映学生已有的知识经验，贴近学生真实生活，具有丰富的文化内涵，符合国家的教育理念和要求，有助于国家教育目标的实现。

（二）促进教科书的多样化与多元化发展

我国的教育政策与课程标准是由教育行政部门统一制定的，但我国是一个多民族国家，且地域广阔，地区发展差距较大、发展不平衡，不同地区间教育水平、办学水平差距大，教师与学生的教育需求也具有差异性。在这样的国情下，

只采用统一的教科书难以满足这些现实需要。因此，在教育政策与课程标准基础上实行教科书多样化政策就很有必要。教科书多样化意味着教科书编写机构、编写组织和编写人员的多样化，那么就必须建立健全教科书审定制度，组织专业人员进行审定，以确保这些不同版本教科书的基本质量。以小学数学教材为例。《全日制义务教育数学课程标准（实验稿）》颁布之后，多家出版社以该标准为依据，组织新教材编写。最终，北京师范大学出版社、人民教育出版社、江苏教育出版社和西南师范大学出版社的4套小学数学教材通过国家审定。2011年，在进行广泛调研的基础上，数学课标又进行了修订，各大出版社纷纷根据新的课标要求编写了新的教材，到了2013年，通过全国家审定的小学数学教材增加到了7套。丰富的教材版本既能满足不同地区的教学需求，又能在相互竞争中不断提升自身质量，极大地促进了教科书的多样化与多元化发展。

三、教科书审定管理的基本特征

（一）审定主体：专业化，多元性明显

我国历来重视教科书审定工作，成立专门的教科书审定组织机构，对审定主体的政治立场和专业化水平提出更高要求，在审定人员构成上也更加注重专家组整体结构的合理性。审定三科统编教科书时，邀请高等院校或科研院所教授和研究员等专家学者、教研人员和中小学教学一线教师共100余人等参加审定，与社会各方参与力量形成合力，顺利推进教科书审定的民主性发展。同时，我国教科书审定在多元性的基础上逐步加强国家统筹，更加注重各部门之间相互配合，国家、地方和学校分级管理体系逐渐完善。2017年，设立了国家教材委员会，由教育部教材局承担办公室工作，指导和统筹管理全国各领域、各类型、各学段的教科书建设工作。《中小学教材管理办法》再次强调，中小学教材实行国家、地方和学校分级管理；同时对各级各类组织机构及其成员的职责进行了明确的限定，确保通力合作，使教科书审定工作取得实效。例如，国家教材委员会专家委员会负责审核国家课程教材和其他按规定纳入审核范围的教材，意识形态属性较

强的教材须报国家教材委员会审核。各省（自治区，直辖市）成立省级教材审核机构，负责审核地方课程教材，其中意识形态属性较强的教材还应送省级党委宣传部门牵头进行政治把关。在选用上，也规定国家课程教材和地方课程教材只能分别在国家和省级公布的中小学教学用书目录中选用，选用结果须在教育部门网站上公示并报国务院教育行政部门备案。

（二）审定标准：科学化，学科性加强

教科书审定标准相较以往，更多地考虑学科属性，尊重学科规律，把学科的内容、结构等要素都纳入教材审定中，学科性得到加强。此外，教科书审定的维度拓宽，审定标准进一步细化、科学化。《中小学教材管理办法》在第四章中也明确提出要对"思想性、科学性、民族性、时代性、系统性"进行全面审核，对教科书的审核要从政治、专业、综合、专题、对比这五个方面进行，审核内容涵盖教科书的政治方向和价值导向、内容、结构、纵向衔接与横向配合、修订教科书的新增和删减等。

（三）审定程序：规范化，长期性加强

我国在教科书审定程序方面做出了许多创造性的举措，使之更加规范，同时关注教科书使用监测和跟踪调查，审定程序周期性加强。《中小学教材管理办法》就明确规定："修订后的教材必须按相应程序送审，若未按有关要求修订和送审，则不予使用。"还规定教育行政部门应对教材选用使用进行跟踪调查，定期审定教材的使用情况并通报结果。这表明如今的教材审定不再局限于审核和选用环节，例如，北京曾在2014年提出在基地校开展教科书使用系统监测，同时开放网上意见反馈系统，以高效便捷地收集教科书实验反馈意见，以学期为周期滚动循环修订教科书。教育行政部门对教科书审定与选用后的情况进行监督，有利于加强教科书管理，促进教科书质量的不断提升。教科书审定逐渐摆脱线性模式，转变为长期循环审定模式，贯穿在教科书管理的全过程中。

（四）管理机制：现代化，系统性加强

我国对教科书的审核、选用、使用等各个环节都作出规定，制定了比较详细

的监督与激励办法，使之逐渐形成系统的体系，进一步加强了教科书审定管理机制的系统性。同时，教育行政部门意识到对教科书管理实施顶层设计和整体规划的重要性，以全局意识看待教科书审定工作，统筹兼顾各方机构之间的关系，使之有机衔接、协调运作，推动教育治理现代化向前发展。《中小学教材管理办法》提出教育行政部门应建立教材选用、使用监测机制，加强了对教材的检查与监督，并定期通报情况；此外，国家教育、出版管理、市场监管等部门依据职责对教材从编写到发行、选用等环节中存在违规行为的单位和人员实行负面清单制度，进一步保障教材审定的公正性。以上种种举措都进一步完善了我国教科书审定的监督机制。同时提出"统筹利用现有政策和资金渠道支持教材编写、审核、选用使用及跟踪审定等工作……鼓励社会资金支持教材建设""落实国家和省级教材奖励制度"，参与教科书修订、审核工作的人员也都相应地以科研课题或工作量作为弥补，这类规定意味着我国开始建立起较为明确的激励机制，激发社会各方参与教科书审定的积极性。

四、完善教科书审定管理的建议

（一）优化审定人员结构，加强审定队伍建设

教科书通过了审定就意味着可以出版发行和推广使用了，因此审定工作是教科书建设中至关重要的一环，要求审定人员拥有较强的专业化知识及实践性经验，还要有对政治的敏感性和警觉意识。可以说，教科书审定队伍质量的高低决定着教科书审定工作是否能顺利、高效地运作下去，进而影响着教科书最终出版和使用的质量水平的高低。因此，建立专业化、经验丰富的高质量教科书审定队伍，对于促进和完善教科书审定工作，提高教科书审定质量有着重要意义。

随着《关于加强和改进新形势下大中小学教材建设的意见》的推进，中华人民共和国国家教材委员会成立，办公室设在教育部，由教育部教材局承担办公室工作。国家教材委员会主要由部门委员和专家委员组成。部门委员是国家各部门的负责人，专家委员主要由教育行政干部、专家学者、教研人员和中小学教师

组成，负责具体科目教材的审定。虽然文件中规定了中小学教师参与到教科书建设中，但实际上，教师作为真正接触和使用教科书最多的主体，在教科书审定中参与度却较低，其他相关社会人士则未被纳入审定队伍，难以反映一线教师等教科书使用者的真实诉求。因此，在审定队伍中，提高学科专家和一线教师的比例，有助于提升审定的专业性和适切性。此外，教科书审定需要吸纳社会公众的意见与看法，尤其是学生和家长。学生是研制教科书时的首要考虑对象，是教科书的直接使用者和学习者，在教科书审定中应该得到充分重视，在实际操作过程中却往往由于客观性不足以及实施难度大等现实因素被忽略。若条件允许，可引入第三方专业教育机构，利用其利益无涉的优势参与审定。同时，对国家、地方和学校各级审定机构之间、不同审定主体之间的职能和责任要有清晰明确的划分，对于参与教科书审定的政府工作者、学科专家、教师及其他社会群体的权利要有明确规定，以免出现职责不清、权利不明的现象，从而导致教科书审定出现漏洞或重复审定，造成教育资源浪费。

加强我国教科书审定队伍的建设要坚持审定人员多样化与结构合理的原则，增大学科专家与教学专家的比例。学科专家通常是由在学科研究领域有丰硕研究成果的大学教授及教研员等构成，具有较强的专业知识与理论素养，对学科发展的历史、现状以及前景有一定的把握；教学专家主要是一线优秀教师或社会上的有识人士，投身于教育多年，有着丰富的教科书使用经验及教育教学实践经验。在某种程度上来说，一线教师等教学专家对于教科书实际存在的问题和需要改进的地方更有发言权。基于此，当前我国的教科书审定队伍建设要重视并充分发挥一线教师的作用和价值，让他们更多参与到教科书审定中，拥有更多的话语权，发挥自身专长与优势。同时组建合理的教师审定队伍，教师可以来自不同年龄段，老教师拥有多年的教科书使用和教学实践经验，专业素养和功底深厚，见解深刻独到；中青年教师更善于从学生的实际出发思考。教师队伍中还可以包含不同教学阶段的教师，有助于加强知识的衔接性。此外，还应加强对教科书审定队伍成员的更新与轮换，有利于教科书审定队伍在年龄结构上和专业知识结构上保持合理性，从而促进教科书审定人才队伍的高质量和多样化发展，提高教科书质量。

（二）规范审定程序，增加审定的可操作性和公开性

规范的教科书审定程序是保证教科书审定质量和效率的根本要旨，教科书在审定过程中要严格按照相关规定中的程序与要求去实行。总体来说，我国具有一套完整规范的教科书审定程序。《中小学教材管理办法》对教材审定机构、审定标准、审定内容等作了明确规定，教育部明确规定了申请、提交材料、受理、专家委员会初审复审、教育部行政审定等一系列教科书审定流程。但我国现阶段的教科书审定标准和审定程序中相关内容及规范性要求的具体化和细化程度还不够，仍然偏向于纲领性的文件，呈现出概括性和笼统性的特征，使教科书审定具体实施起来缺乏一定的依据性和可操作性。如《中小学教材管理办法》第十八条中提出"……政治标准要有机融入教材内容，不能简单化、'两张皮'"，但是对于如何判断政治标准与教科书内容的融合是否简单化、"两张皮"却没有具体说明。由于缺少具体的判定标准和要求说明，审定人员在一定程度上会依靠自身主观的判断和理解，难以形成统一的标准和认识，可能引发两种截然相反的状况：一种是过于严格甚至到了吹毛求疵、草木皆兵的地步，将教科书中与政治沾边的内容都处理掉，另一种则是不够严格导致政治性错误仍残留在教科书中。无论哪种情况发生都会导致教科书审定质量的降低。因此，在文件规定中应该进一步细化，用规定性、操作性的语言取代笼统的表述，使审定标准和程序更明确具体，实施起来更有操作性。此外，还可以将专门的审定工具作为辅助，使教科书审定程序更规范。目前我国的教科书审定主要以个人审读和集体审读的形式开展的，至于在审读过程中的具体维度、标准及要求则没有统一明确的评定要求，造成审定缺乏程序性、规范性的操作，审定标准不统一，难以形成标准化、专业化的程序，不利于后续的审定，从而降低教科书审定的效率和质量。因此可以相应开发辅助性的审定工具，设置相应的审定量表，细化审定标准和程序，确定维度，制定指标体系以增加审定的可操作性。

审核方法的科学性和适用性决定了审核效率与审核结果，是关系教科书审核

质量的关键环节。目前我国的教科书审核实行盲审制度和回避制度，通过集体审读和个人审读相结合的方式，并充分利用现代信息技术开发建立审核系统等，多种方式相结合，对教科书进行全面化、科学化审核。同时，充分利用社会基础和群众基础，吸取公众对教科书审核的看法和建议，并接受社会公众的监督。

因此，要保证教科书审定过程的公开透明性，就应该保证不仅是审定人员内部了解教科书审定过程中的环节和内容，公众也同样可以了解、参与和监督教科书审定过程。这样做不仅能够广泛吸取公众的意见，为教科书审定提供有益的建议和新的视角，从而提升教科书审定质量，进而提高教科书质量，还能提高公众对教科书的了解和接受度。

（三）完善审定机制，增加教科书审定的有效性

教科书审定机制是否健全与完善，决定了我国教材审定工作是否能顺利、高质量地开展与实施。《中小学教材管理办法》虽然对教科书审定的主体、机构、标准等作了规定，却并未对审定机制作出详细的说明。教材建设是国家事权，其重要性不言而喻，教科书审定也需要建立与健全与之相适应的机制，严格把好教科书质量关，注重对教科书审定的公众监督评议机制、应答机制、追踪机制等相关机制的完善，为教科书审定工作提供更好的保障。

公众监督评议机制就是要确保教科书审定是在社会公众的参与和监督下进行的，保证公众在教科书审定中的参与权、话语权与知情权。当前我国教科书审定工作主要由国家行政人员、教研员、专家学者、教授等承担，一线教师也有一定的参与，但参与度不高，学生、家长等社会群体在实际教科书审定工作中存在感更低，处于被弱化和忽视的地位，他们对审定的操作过程、具体要求、实验结果等几乎一无所知，只能被动地接受最终出版发行之后的教科书。这反映出当前我国教科书审定中的公众监督评议机制还有待完善。一方面要提升一线教师以及教育领域中其他社会有识人士的参与权和话语权，让他们真正参与到教科书审定中。另一方面还要建立教科书审定的公示制度。教科书审定是教科书建设过程中

的关键环节，通过了审定的教科书就意味着可以出版发行，提供给全国中小学生使用了。教科书审定如果以相对封闭的形式进行，缺少必要的公众监督，那么审定的相关要求、标准、程序等就可能流于形式，难以被贯彻与实施。通过建立专门渠道向公众公布审定结果、公示合格的教科书，让公众能及时了解教科书审定的进程与结果，及时获取教科书的相关信息，并有渠道提出自己的客观意见与建议，使整个教科书审定的过程接受公众的监督评议，公众真正拥有对教科书审定的参与权、话语权和监督权，确保教科书的质量。

公众监督评议机制保障了教科书审定中公众的话语权、知情权和参与权，公众能够通过相应渠道和途径发表自己对教科书的客观看法与意见，但同时，公众的意见也需要及时得到处理和答复。因此，完善相应的教科书应答机制，及时解决公众对教科书产生的质疑与提出的建议，不使监督反馈机制流于形式。可以建立专门的反馈渠道，除了官方网站和专线，还可以开通相关社交账号，扩大反馈渠道，公众能更便捷地参与反馈。还需要注意的一点是，相关负责主体要对公众意见反馈做好良性的舆论引导，避免出现恶性舆论，扰乱反馈内容。

跟踪机制作为一种保障机制，就是要持续跟踪与关注通过审定的教科书，对教科书在后续的实际推广使用过程中发现的问题进行及时修正，确保教科书质量。审定合格的教科书并不意味着就一定没有差错和问题，教科书必须在长时间的实际使用中得到检验。因此需要对审定合格的教科书的质量进行持续性关注与跟踪，发现教科书在审定环节中未被发现的问题，并及时进行更正，保证教科书的实际质量。关于教科书的跟踪途径，一方面可以从学校教师、学生及家长入手，采取匿名问卷调查、填写结构化量表、访谈等方式了解他们对教科书最真实的使用感受与建议。另一方面可以从与教育息息相关的社会大众入手，了解不同群体对教科书的真实看法。

（四）加强教科书的政治审核

教科书的政治审核既有政治性又有专业性，以教科书为依托，形成了自己的标准、原则、方法等一套体系。为什么要对教科书进行政治审核？教材是学生学习的重要材料，在学生身心发展过程中发挥着不可替代的作用，对学生的价值观念、道德观念等起着重要的引导作用。

政治方向和价值导向是政治审核的关键内容，要认真严肃对待，从国家意识形态安全的层面出发，严格审核教科书中的国家安全、民族团结、法治意识、中华优秀传统文化、革命传统文化以及生态文明教育等内容是否在政治方向和价值导向上存在差错。对政治立场、价值观、导向上存在问题的课文以及存在负面、有重大争议的社会形象或评价的课文作者，都必须立即更换，杜绝任何错误思想侵入教科书的机会。同时，教科书中涉及政治、历史、文化等意识形态的内容，若要进行修改，就必须制定完备的备案制度，以便追根溯源、有据可查。教科书的政治审核不同于其他类型的审核，不应只要求审核流程的专业性，更要重视对教科书政治方面的审核，肩负起国家性、历史性的责任。

第四章

教科书出版、 选用及发行供应管理

教科书的出版、选用与发行供应是一项复杂而艰巨的系统工程，涉及出版、教育、电力、交通、邮电、银行、物价、印刷、发行等多个部门，要确保"课前到书"，需要各方面通力合作才能完成。

第一节　教科书出版管理

教科书出版管理是有计划、有组织地对教科书出版全过程进行记录，提高印刷质量，保证出版、发行效率，以确保教科书在市场中的充足供应。中小学教科书出版是一项系统工程，包含教科书从原稿到装订印制的各个环节。我国教科书出版制度主要是以规定、意见、办法等文件形式得以体现，这些文件具有强大的效力，主要包括《中华人民共和国著作权法》《中华人民共和国著作权法实施条例》《出版管理条例》《出版物印刷管理规定》《出版物市场管理规定》《印刷业管理条例》等。① 本节主要讨论教科书的出版管理、装帧设计管理、印刷和校对管理、定价管理等内容。

---

① 刘爱. 中小学教科书出版制度研究[D]. 济南：山东师范大学，2009：27.

一、教科书出版管理概述

出版管理作为教科书管理的重要一环，主要是对出版活动进行约束，保障出版工作有序、高效开展而进行的管理活动。中小学教科书出版管理要实现经济效益与社会效益的双重统一，既要使出版机构获得经济效益，又要满足教科书使用者的需求。

教科书出版管理具有规范功能，加强教科书的出版管理能有效约束、协调各利益主体之间的关系，确保出版工作顺利实施。教科书出版管理还具有协调功能，教科书出版管理活动涉及编写者、印制者、出版发行者等多位利益相关者，各主体有不同的利益诉求，协调发展做好教科书出版工作，实现经济效益与社会效益的和谐统一。此外，教科书出版管理具有保障功能，不仅对设计有质量要求，还涉及大量的相关后续性服务跟踪。出版管理制度的建立可使得教科书相关工作有法可依，这将有利于教科书出版管理工作的顺利运行。

教科书的出版制度理念源于国家层面对教科书主流价值观的判断。首先，从文化角度将教科书出版作为教育的工具；其次，从教育角度将教科书出版视为爱国教育的重要形式。

二、教科书装帧设计管理

教科书的装帧设计是从文稿到成书出版的整体设计过程，此过程的实施使得教科书的出版由平面化转为立体化，在具备设计美感的同时易于使用者参考与学习。

（一）教科书装帧与封面设计变化

随着时代的发展，中小学教科书装帧与封面设计逐渐走向成熟。

教科书装帧与封面设计应根据内容具备如下特点：一是教育性，应符合学生的身心发展特点，体现教科书所传达的主要内容；二是科学性，要体现各学段特点，发挥教学内容的规定示范作用；三是艺术性，教科书封面图形设计包括抽象和具象两种类型，创作的过程中应在两者之间找到对应的平衡点，根据中小学生的心理变化调整封面设计的风格。

设计者在遵守教科书制定标准的前提下，充分考虑学生审美心理特征、认知层次，充分发挥教科书的教学目的和设计所带来的审美体验，着眼于色彩、图形、字体三大设计要素，让教科书发挥审美功能给予学生美的熏陶。[①] 封面要具有艺术气息，通过色彩的调和，图案、线条与纹理的编排设计，以此激发学生学习兴趣。

（二）插图设计管理

插图作为教科书不可或缺的内容，它能够使教科书更具丰富性、完整性与美学性。一方面，插图的使用可吸引学生学习，教师通过插图拉近学生与文本之间的距离，丰富教学氛围；另一方面，插图的呈现帮助学生准确把握教科书内容，加深对文本知识的理解，进一步培养学生的观察、语言与想象能力。插图在教科书中的位置、缩放比例根据具体开本、正文字号大小规格有相应的要求。大的幅面和复杂的插图，尺寸要大些，单景物、事物与人物插图要相应缩小比例。

教科书插图的设计经历了手工绘制与电脑绘制两个时期。插图的设计既要体现学科特点，又要将教学与艺术完美结合。手工绘制是最早的插图设计方式，此时期文科教材的插图对绘图人员的要求相对较高，插图要根据不同主题教材的故事情节和中心思想进行绘制，人物图的设计充分表达文学性与艺术性相结合的特点。理科教材的插图作为文字的延伸，有助于学生用插图表达语言中晦涩的内容，以便理解与掌握知识。使用绘图软件设计插图相较于手工绘制速度更快、图案更精美。随着计算机绘图技术不断提高，通过培养专业化的绘制团队和编辑人员，从质量上再次提高技术绘图的水平。插图绘制可以通过扫描和拍照技术进行

---

① 孙威. 书籍装帧的审美功能在少儿教科书的应用[D]. 合肥：合肥工业大学，2018：11.

编排，进一步提高插图的艺术性。手工绘制与电脑绘制相结合，有利于完善中小学教科书插图的编撰设计工作。

教科书是学生学习知识的载体，对于中小学生而言，封面和插图的绘制可以最为直观地传递与表达教科书内容。教育的真正目的是使学生具备发觉真、善、美的能力，教科书插图质量对学生的身心健康发展有重要影响，插图质量直接影响教科书质量。因此，相关部门要对教科书设计的整个过程实时管理与监督，以此提高教科书的编研水平。

（三）版式设计管理

版面设计是对教科书图文内容的一种艺术表达，其功能不仅要传达出设计美感，还要表达知识信息的实效功能。版面主要有以下几种构成要素：①版心位于教科书图文中心区域，在教科书排版中要注意版心与四周的留白问题，这直接关乎教科书的阅读品质；②图文的编排也是重要的元素之一，根据学生的心理发展特点、信息传达的重要性、图文的完整性与两者相结合的美感展开设计；③页面要利用文字的字体、字号、行距、段落等做好文字排版工作；④图底关系是指图形与底纹、文字和图形之间的联系，图与底两者在教科书中相辅相成、和谐共生。教科书的版面设计应具有系统性、逻辑性和规范性，好的版面设计要与教科书的内容和谐统一。

2001年6月，国家新闻出版总署、教育部、国家质量监督检验检疫总局发布的《中小学教科书幅面尺寸及版面通用标准》指出：小学教科书幅面尺寸应采用A5和B5，对图、表有特殊要求的小学教科书可采用A4。中学教科书幅面尺寸应采用A5、B5和A4三种类型。随着我国印刷设备的改进，中小学教材的幅面尺寸多为B5型号，印制采用单色胶印和彩色印刷两种类型。关于教科书用字，根据不同年级和学科，也有相应要求。

三、教科书印制、校对管理

印制作为教科书出版环节之一，在整个管理过程中发挥重要的作用。依靠自主研发与变革创新以及相关设备的引用，中小学教科书印刷经过数十年的发展，在印刷技术和装订技术方面不断进步。

（一）印制技术管理

教科书的印制技术主要包含印刷技术与装订技术两种类型。

我国教科书印刷技术的发展分为三个阶段：第一阶段在中华人民共和国成立初期，印刷技术水平相对落后，中小学教科书依靠各大城市的米力机和平台机。平台机只能用平板纸进行印刷，造成我国引用的卷纸需要进一步的加工才能够使用，用纸量大，纸量供应短缺，采用卷纸费时费力。此外，平台机速度慢，中小学教科书在春、秋两季印制量大，极易造成供应不足与供应不及时。第二阶段，人民教育出版社相继在北京、上海等一线城市对轮转机开展试验。轮转机的生产效率与质量水平相较于平台机有较大提高，在克服平台机缺陷的基础上，生产适应能力强，可进一步解决教科书供应不足的困难。第三阶段中小学教科书开始采用彩色胶印技术，这使得我国教科书印刷水平向国际水平发展跨出一大步。

装订是对印刷好的一批批纸张，按照不同规格和要求，采用不同的订、锁、粘的方法，选择适合的包装方式进行装帧加工的过程。中小学教材多采用平装技术，骑马订作为平订形式之一，因其生产效率高、成本低、装订简单易于使用，受到广大群众的喜爱。中小学教材的装订由最初的纯手工到机械生产，再由单机向联动生产线发展，装订设备不断变革；装订形式由平订到无线胶钉、豪华精装，其形式的多样化变革也进一步为装订技术的革新奠定坚实的基础。

（二）印制质量管理

1. 印制质量内容

印制质量作为教科书整体质量的重要组成部分，印制水平不仅代表教科书出版业的专业能力，还影响学生的学习质量。生产的指挥者要从生产环节入手，既做好生产管理，又要把准产品质量的实际要求，才能从源头提高印刷质量。《关于一九八一年秋季中、小学课本印制质量情况的报告》指出重视教科书的印制，加强各印刷厂的质量管理，尽量选用比较好的纸张印制教科书，及时开展质量检查评比。《关于加强一九八六年春季教材、课本出版、印刷、发行工作的通知》规定承租教科书出版任务的各家出版社，要提早安排好编辑出版和印发工作；各物资供应部门对教科书用纸，要在数量、规格、质量上予以确保。租型印制和自行印制是教科书印制两个重要的发展类型。20 世纪 90 年代初，照排技术和彩色胶印技术广泛应用于中小学教科书出版，对出版印刷业的发展产生重大变革。1994 年人教社对租型教科书质量提出要求，对用纸、成品尺寸、印刷标准、装订等条目作出相应规定。全国各租型单位严抓中小学教科书印装质量，对本地区的印装企业实施动态的质量监管。人教社自印教科书质量也年年提高，通过建立规章制度，加强合同管理，提高印刷厂质量意识。对工厂实行动态的监督与管理，将教科书的质量与评定等级相互联系，优品优价，劣品低价，最后通过抽检制度，努力提高批量产品质量。通过对教科书的租型印制与自行印制的管理，使得中小学教科书的印刷规范化与制度化。

2. 印制材料管理

印制中小学教科书，对纸张、供应与质量是有相关要求的。结合印刷厂所生产的教科书类型，常用的印刷基材为卷筒纸和涂布纸。[1] 涂布纸是在原纸的基础上涂一层涂料，使得纸张具备更好的光学性质与印刷技能。2001 年《中小学教科书用纸、印制质量标准和检验方法》对教科书的用纸使用规定：彩色印刷的教科书内文可使用胶版印刷纸；单色印刷的教科书内文可使用胶印书刊纸，美术教

---

[1] 苏林林. 中小学教科书的印刷质量及其安全性研究[D]. 昆明：昆明理工大学，2021：33.

科书彩色内文应使用铜版纸；封面和彩色插页应分别使用 120 g/m^2 和 80 g/m^2 及以上的胶版印刷纸或铜版纸。

3. 绿色印制与循环印制

随着时代的发展与进步，绿色印制、循环印制成为引起重视的新名词，中小学教科书的出版印制引入环保理念。绿色印制是指采取环保材料与工艺，印制过程中节约资源，使得印制品能够自然降解，循环再利用。

管理者应该注意以下几点：首先，教科书的绿色印制是造福于民的重要举措，它需要出版单位与印刷单位共同努力才能完成；其次，应保证出版社自身采购的纸张符合绿色印制的要求；再次，必须委托获得绿色印刷环境标志产品认证的印刷企业印制教科书[1]；最后，加强对绿色环保印制的质量监控与检查。绿色印刷除固有的特点外，还有如印制标准与质量的提高使成本相应增加，造成印刷出版行业的利润减少，印刷企业的经济负担逐渐增大等问题。管理教科书需要额外的人力成本投入，如循环教科书的使用教育成本、管理和保管人员的雇佣成本、循环教材的消毒成本等，[2] 因此对循环教科书的管理与宣传需要投入更大的人力成本。只有正确合理地协调教科书的绿色印刷，才能提高教科书的管理水平，关于绿色印刷存在的漏洞，相关企业及人员需不断学习和探索。

（三）校对管理

校对工作作为书籍出版工作中的一道程序，是将原书稿和定本进行核对，在教科书印刷之前消除差错，提出质疑用以更正错误，保证印刷质量。

1. 校对管理制度

校对管理是根据校对工作的功能、方法、过程等客观规律对教科书校对活动

---

[1]　张灿. 教科书绿色印刷之路[J]. 科技与出版，2014(6)：8-10.
[2]　李芳. 中国中小学教材出版政策与出版行为研究[D]. 保定：河北大学，2013：20.

进行全方位的组织、协调和监控。①《图书校对工作细则（草案）》明确规定校对的任务、目的、程序与标准等内容。《人民教育出版社出版部管理工作暂行规定（草案）》在第四章"校对管理"中对校对任务与职责进行量化指标处理。《图书质量保障体系》提出建立"责任校对"制度和"三校一读"制度。

首先，集体交叉校对与责任校对相结合。集体交叉校对是不同专业、不同职称的校对人员进行不同次数的校对。此种方法最大的好处是减轻由单人负责校对出现的差错，同时集体校对也是不同校对者之间相互影响和监督的合作过程。集体校对也有相应的弊端：不同校对主体对教科书体例、格式的处理存在分歧，从而影响校对的总体质量。因此，集体交叉校对与责任校对相结合才能发挥校对优势，提高工作效率。

其次，"三校"即经过三个校次流程，"一读"即经过最后校对的全篇通读。教科书的出版都要经过反复的检查和修正，因此"三校一读"在出版环节有其存在的必然性。

2. 校对人员管理

校对人员管理对校对工作质量与效率的提高具有关键作用，校对的管理过程实际上是对校对人员的管理。首先，提高校对人员的工作素质。一方面，出版社可组织人员进行相关培训练习，利用业余时间学习专门的校对知识，参加校对经验专业会议，提供管理人员学习的平台；另一方面，面向社会寻找对口的高校毕业生，以此充实出版校对的专业队伍。随着时代的发展，对校对人员的要求不断提高，在学历以及专业技能方面存在不同的需求，因此，提高校对人员的素质与专业水平是校对工作开展的必然趋势。其次，扩大校对人员的实际数量。为提高校对工作效率，要在"质"与"量"的角度并行提高。通过建立严格的考核机制

---

① 课程教材研究所. 新中国中小学教材建设史（1949—2000）研究丛书：出版管理卷[M]. 北京：人民教育出版社，2010：251.

在外部选拔优秀人才，通过外部力量的补充不断充实校对队伍。外部校对力量需具备以下条件：具备良好的语言文字功底、较强的心理素质以及负责认真的工作态度。出版单位要不定时地对外部校对人员进行监督检查，尊重并鼓励大家保持积极热情的态度完成工作。

3. 校对质量管理

出版物的质量如何在很大程度上与校对工作息息相关，尤其是教科书必须保证出版的专业性与科学性，因此校对质量是重中之重。为保证出版物的校对质量，首先对校对工作实行动态的监督。建立《校对工作流程表》与《校对工作质量表》，前者主要掌握全书校对工作的流程进度以及相关工作人员的校对进展，后者主要对登记人员的校对跟踪记录。对一、二、三校每一层工作中存在的问题及差错真实记录，核算每个校次校对的灭错率与留错率，呈现校对人员的质量百分比，以便与指定人员进行沟通，改正错误。其次设立相应的校对质量奖励机制。对校对质量划分等级，分为优、中、良、差四等，将校对质量的优异与工资绩效紧密对应。设立季度质量奖与年度绩效奖，全年对校对人员的工作实时检查，给能者和多劳者资金奖励，明确报酬与校对工资标准与市场薪资水平相协调，对额外超时的校对工作赋予特殊的劳动报酬。

四、教科书定价管理

中小学教科书的定价直接影响后续教科书的出版、印刷与发行。定价既与实践效果紧密联系，又与所获利益息息相关。定价设置的合理性直接关乎经济条件相对较差的地区学生与家长的接受能力。教科书价格主要由三部分构成，一是版权费用（稿费或租型费），二是出版印刷费用，三是发行费用。[①] 教科书的定价

---

① 熊中才，程行云. 中小学教材价格改革基本思路[J]. 价格理论与实践，2000(11)：33 - 34.

管理是一项关乎国计民生的重要项目，紧随时代的发展步伐呈现多样特点。

（一）定价管理的发展历程

1. 双轨制定价时期

中华人民共和国成立至 1955 年间，教科书定价主要由相关出版单位与国家并行定价，即除国家外出版机构也具有权利设置教科书价格。1950 年秋季至 1951 年春季相继发布中小学教科书的相关决定，标志着教科书的使用与售价问题交由政府处理。1951 年《人民出版社图书成本及定价核算暂行办法》颁布，详细规定了成本定价的计算方式与计算标准。1955 年起实行中央级国营、公私合营出版社。公私合营的出版社与国营的人民教育出版社制定的中小学教科书价格遵照国家标准，私营企业自行规定教科书价格，教科书定价在这一时期呈现"双轨制"。我国中小学教科书长期实行"保本微利"的原则，定价标准比一般图书低。

2. 国家统一定价时期

1956 年至 1987 年为国家统一定价时期，1956 年中小学教科书由国家统一定价，实行"低价薄利"政策，尽力保障教科书的使用。1956 年 2 月，文化部颁布的《全国杂志、书籍定价标准的通知》规定：小学课本为一类定价，每印张的价格为 0.046 元；中学课本为二类定价，每印张的价格为 0.049 元；教学参考书为 5 类定价，每印张的价格为 0.06 元。[①] 1962 年颁布的《调整中、小学课本定价标准的通知》规定，小学课本每印张 0.06 元，中学课本每印张 0.065 元。教科书价格在这一时期保持相对稳定状态。由于各地教科书印制成本不同，为了统一全国教科书价格及落实教科书"低价薄利"政策，国家对各地出版教科书造成的亏损进行补贴，这一做法一直持续到改革开放初期。

随着改革开放的不断深入，特别是 20 世纪 80 年代中期受原材料价格上涨等

---

① 王郢. 教材研究导论［M］. 北京：人民教育出版社，2016：153－154.

因素影响，教科书全国统一定价标准已不能适应实际情况。国家教委、国家出版局、国家物价局于 1986 年 6 月联合发布《关于一九八六年秋季全国通用的中小学课本和教学参考书售价及供应问题的通知》，其中规定 1986 年秋季全国通用的中小学课本定价，按以下三种情况处理：①用 52 克凸版纸普通印法，每印张由 0.085 元降为 0.08 元；②印数较少的俄语、日语及各科教学参考书，每印张定价高于 0.085 元的，均在原定价基础上降低 0.005 元；③用胶版纸彩色胶印的美术课本和音乐课本等，各地根据"保本微利"的原则自行定价。教科书定价和供应工作坚持"保本微利"原则，加快发行，保证"课前到手，人手一册"①。文件指出自 1987 年春季开始，全国通用的中小学教科书及教学参考书，按国家标准定价，各地不得自行上调价格。国家统一对教科书定价，在保证市场出版经济正常运行的前提下，合理降低教科书定价成本，维系教科书定价标准稳定，进一步保障教科书顺利出版发行。

3. 地方政府自行定价时期

1988 年至 2001 年，我国中小学教科书的定价权下放到各省级教育行政部门。由于纸张价格及印刷原材料、工价上涨，为确保教科书按时供应，国务院于 1988 年 4 月发布《关于中小学教科书纸张供应及价格问题的紧急通知》，指出"中小学课本价格，由省、自治区、直辖市政府根据本地实际情况确定。考虑到社会心理承受能力，今秋课本价格暂以不动为宜，纸张价格上涨部分继续由地方财政补贴"②。1988 年 11 月发布的《关于抓紧落实明春及今后中小学课本供应问题的通知》强调，"中小学教材价格本着'保本微利'（纯利润控制在 5% 以内）的原则，由各省级政府根据本地实际情况确定"③。1995 年 2 月，国家教委、新闻出

---

① 课程教材研究所. 教材制度沿革篇：下册[M]. 北京：人民教育出版社，2004：774.

② 课程教材研究所. 教材制度沿革篇：下册[M]. 北京：人民教育出版社，2004：754 -755.

③ 王郢. 教材研究导论[M]. 北京：人民教育出版社，2016：154.

版署联合发布《普通中小学教材出版发行管理规定》，第五条明确指出，"要严格教材的价格管理，中小学教材的定价应执行'低利微价'的原则，严格控制在5%的出版利润以内。具体定价标准由各省级出版行政管理部门与同级教育管理部门同意后报省级物价管理部门核准；中央出版单位出版中小学教材，其定价标准应报国家物价管理部门核准，同时报国家教委和新闻出版总署备案"①。这一时期，国家赋予各省教育行政部门教科书定价的自主权，教科书定价管理方式较之前更加灵活，定价也更为适应各地实际情况。

4. 国家统一定价与各地政府定价相结合时期

2001年至2015年是国家统一定价与各地政府定价相结合的阶段。为加强教科书管理，减轻负担，2001年6月，国务院办公厅颁发《关于降低中小学教材价格深化教材管理体制改革意见》，要求降低中小学教科书价格，加强教科书价格的管理和监督。与此同时，《中小学教材价格管理办法》出台，其中规定，"教材零售价格由省、自治区、直辖市人民政府价格主管部门会同新闻出版行政部门根据国家规定的印张指导价和教材的印张数量、封面价格、插页价格以及出版发行环节的增值税确定。计算公式为：教材零售价格 =（印张单价 × 印张数量 + 封面价格 + 插页价格 × 插页数量）×（1 + 增值税率）"②。该管理办法标示教科书定价管理进入"国家制定印张基准价、各省区市确定教材零售价"的方式。《中小学教材价格管理办法》对印张基准价和浮动幅度，乃至封面与插页价格，以及教科书生产成本的具体内容都作出了明确细致的规定。随后，国家发展改革委员会、新闻出版总署、教育部等相关部门相继颁布了《中小学教辅材料管理办法》《关于进一步加强中小学教材价格管理等有关事项的通知》《关于中小学循

---

① 课程教材研究所. 教材制度沿革篇：下册[M]. 北京：人民教育出版社，2004：783 -784.

② 课程教材研究所. 教材制度沿革篇：下册[M]. 北京：人民教育出版社，2004：811- 813.

环使用教材价格政策问题的通知》等进一步规定教科书价格的文件。

5. 再次下放教科书定价权时期

2015 年至今是再次下放教科书定价权阶段。2015 年 6 月，国家发展改革委员会、教育部、司法部与国家新闻出版广电总局联合颁发了《关于下放教材及部分服务价格权限有关问题的通知》，规定"列入中小学用书目录的教科书和列入评议公告目录的教辅材料，其印张基准价由省级价格主管部门会同同级相关部门决定"①。这标志着教科书的定价权再次由中央下放到地方行政部门手中，进一步逐渐放开了教科书定价的方针与政策。教科书定价下放有利于提升教科书质量，建立灵活机制，有利于调动出版社的积极性，使其加大对教科书建设的投入力度，以此更好地造福社会。

（二）租型管理制度

租型是指出版单位从其他出版机构租入出版刊物，而后自行印制、发行出版，并且按照一定比例向出租单位支付相应的出版权与许可权使用费。教科书租型是指由原创出版者将其所出版的教科书纸型②或胶片，按照文件（或合同）规定，有偿租给各地出版机构，分地区印制，分地区发行，分地结算盈亏。③ 教科书出版的"租型"经营模式、特点是以"薄利和统一质量"为目标的限定利润、限定区域的企业化运营。④ 中小学教科书租型管理制度始于中华人民共和国成立初期，是适合我国国情的具有中国特色的教科书出版供应模式，它涵盖了教科书

---

① 王郢. 教材研究导论[M]. 北京：人民教育出版社，2016：155 – 156.

② 纸型是以特种纸张覆于活字版或其他原版上压成的阴文的纸质模版，可浇铸出相同的铅版供多机印刷，并可烧铸圆弧形铅版供轮转印刷机用。纸型轻便易携带，便于复制，可长期保存，以备书籍重版时用。

③ 方成智，刘童玲. 教科书租型制度研究[J]. 湖南师范大学教育科学学报，2016(2)：51–55.

④ 杨惠龙. 新中国基础教育教科书出版"租型"经营模式探源[J]. 出版发行研究，2021(2)：94 – 101.

出版、印刷、发行、资金供应等各个环节，保证了中小学教科书的及时供应，起到了规范教科书市场、确保教科书质量，维持社会稳定的作用。

教科书租型管理制度的形成与发展受社会环境与方针政策的影响。首先，中华人民共和国成立前十七年是教科书租型管理制度的初步形成阶段。中华人民共和国成立初期物质资源极度匮乏，教科书供应不足，为保证"课前到书，人手一册"，国家确定了"信用预定，预定预发，先远后进，先山区后平川"的原则，由人民教育出版社将印刷教科书的胶片（版型）"租"给各地出版部门印制，再由新华书店负责发行。各地方出版部门与人民教育出版社签订教科书租型合同，按合同缴纳一定的租型费用。1959 年，由国务院牵头成立了教科书出版工作领导小组，各省级政府也相继成立了各地教科书出版工作领导小组，负责对中小学教科书的出版印刷发行等工作进行总体规划和监督管理。至此，我国教科书租型管理制度初步形成。其次，"文革"结束后重新恢复租型管理制度。1977 年年底召开的全国教科书出版发行工作会议重新提出了"课前到书，人手一册"的要求，恢复了教科书租型管理制度。1980 年 1 月，人民教育出版社制定了《中小学教学用书纸型稿型费和工本费收费办法》，规定"按供型的每个品种的印数总码洋收取 0.5% 的稿型费（即租型费）"[①]。由此，正式恢复了租型费的收取。最后，20 世纪 90 年代以来教科书租型管理制度逐步完善。1992 年先后出台了《人民教育出版社租型印供管理办法》和《关于调整人教版中小学教材租型费率的通知》，提出"租型费由著作权使用费和版型制作过程中发生的直接支出、间接费用、合理分摊的期间费用构成，由国家计委会同新闻出版署同国家版权行政部门制定。"为应对教科书租型的新形势，人民教育出版社多次组织召开了中小学教科书租型工作会议，以研究解决市场经济条件下教科书租型的改革问题，进一

---

① 课程教材研究所. 新中国中小学教材建设史（1949—2000）研究丛书：出版管理卷[M]. 北京：人民教育出版社，2010：174.

步完善了中小学教科书租型管理制度。

　　教科书租型管理在激烈的竞争中随市场经济的发展而不断革新，由计划经济向市场经济的合同管理方向发展。首先，教科书租型管理制度根据学校的实际人数调整生产的效率，遵循"提前征订，预定预发"的原则，根据市场的实际需求，保证教科书的印发数量。在社会主义市场经济时代，依据实际学生人数的差别进行市场调节工作，保障学生对中小学教科书的实时需求，做到"课前到手，人手一册"。其次，租型印制缩短生产周期，提高工作效率。教科书的租型印制可有效解决中小学教科书印制数量大、任务繁重的问题，各地区根据学校收集的学生数量，向出版社下发印制任务。租型印制协调各单位力量，分地区分批次可进一步缩短印制的生产周期，提高教科书印制质量。最后，供租双方优势互补，带动繁荣出版事业。中小学教科书供应与租型双方取长补短，二者互为补充，根据本地区的实际情况，采取相应措施，保证教科书的顺利发展印行。教科书租型管理制度的运行，为我国培养出大量优质的教科书出版企业，汇聚了专业人才，提高了中小学教科书质量。随着教科书出版发行改革的推行，传统的教科书租型管理制度面临不小的冲击，如何走出困境，改革租型管理制度是一个亟待解决的难题。

第二节　教科书选用管理

　　选用在教科书管理的整个环节中发挥重要作用，它是影响教科书质量和教学效果的关键因素。世界各国根据本国教育实际情况，在教科书选用过程中有所不同，我国的教科书选用制度也在时代的变革中发展。

一、教科书选用管理概述

教科书选用制度是教科书管理制度的具体化形式之一，它对教科书的选用管理具有重要的指导作用。

（一）教科书选用制度概述

教科书选用制度是国家教育行政主管部门在一定社会秩序和教育范围内，为了协调教科书选用权的分配，优化教科书选用模式，实现教科书选用目标而制定的行动纲领和准则。[①]教科书选用制度主要包括两个方面：一是具体说明如何分配教科书选用的权限。内容包括：谁有资格来选择教科书，参与选择者有哪些权限等相关规定。如什么人或者什么团队有权参与选择教科书，这些选择教科书的人或者选择教科书的团队在教科书选用的哪些方面、在多大程度上拥有决策权和话语权。二是将什么样的教科书发放给学生使用。[②] 不同的教科书选用制度影响选用目标的确立、选用模式和过程的分析，以及最后确立什么类型的选用内容等相关问题。教科书的选用过程受国家主流意识形态的控制，不同阶层的利益在教科书选用过程中相互冲突与制约。选用的核心问题即为"谁在多大程度上对教科书的选用作出规划和指示"。

教科书选用制度的构成要素包括选用权、选用机构和选用程序。2005 年 2 月，教育部颁发的《关于做好义务教育课程标准实验教材选用工作的通知》规定："教科书选用是一项业务性很强的工作，任何部门、单位和个人均不得干预教科书选用工作。"2014 年 3 月，教育部出台的《中小学教科书选用管理暂行办法》规定：国务院教育行政部门负责制定全国教科书选用政策，公布《全国中小学教学用书目录》。省级教育行政部门负责本行政区域内中小学教科书选用的

---

①　陈静. 中小学教科书选用制度研究［D］. 重庆：西南大学，2006：7 - 8.
②　李水平. 新中国教科书制度研究［D］. 长沙：湖南师范大学，2014：100.

统筹管理，领导和监督教科书选用工作。

（二）我国教科书选用的发展历程

1. 规范选用时期（1949—1957 年）

中华人民共和国成立初期，教科书选用情况比较混乱。党和国家高度重视教科书选用工作，出版总署和教育部将编制"各级学校教科用书"列为首要任务，于 1950 年 7 月联合颁布《关于 1950 年秋季中小学教科用书的决定》与《1950 年秋季中小学教科用书表》，明确规定中小学教科书的使用范围。从 1951 年秋季开始，必须全部选用由人民教育出版社修订与改编的中小学教科书。如果各大行政区要自选教科书，必须报教育部与出版总署核准，以此逐步规范教科书选用。

2. 自主选用时期（1958—1965 年）

1958 年 8 月，中共中央和国务院发布的《关于教育事业管理权下放问题的规定》指出：今后教育部的任务之一是"组织编写通用的基本教材、教科书"，"各地方根据因地制宜、因校制宜的原则，可以对教育部和中央主管部门颁发的各级各类学校指导性教学计划、教学大纲和通用的教材、教科书，领导学校进行修订和补充，也可以自编教材和教科书"。[1] 同年 9 月，教育部发出通知，今后各地可以自编教材，教育部不再颁发教学用书表。在这种形势下，全国各地教育行政部门和学校结合各自的实际情况，采用增、删、补、改等方式对原来通用的人民教育出版社编写出版的教科书进行修订和改编，掀起了自编教科书的热潮。[2] 这种停止颁发教科用书表，自主选用的做法，是实行教科书多样化的一次初步尝试和探索，但实际上，各地自编、自选教科书并未达到预期目的。

---

① 中央教育科学研究所. 中华人民共和国教育大事记 [M]. 北京：教育科学出版社，1984：228.

② 方成智. 艰难的规整：新中国十七年（1949—1966）中小学教科书研究 [D]. 长沙：湖南师范大学，2011：105.

1962 年 4 月，教育部先后颁布了《关于学年度中小学教学用书的通知》《1962—1963 学年度普通中小学教学用书目录》《中小学数学教科书的使用意见》《中学生物教科书的使用意见》《中学俄语和英语教科书的使用意见》等文件，要求全国教育行政部门采用由人民教育出版社编辑出版的教科书；并规定各地可根据本地具体情况选用数学、生物、外语教科书。

3. 统一选用时期（1977—1985 年）

1977 年 9 月，成立"教材编审领导小组"，重新组建的人民教育出版社以 1977 年教育部制定的统一的教学计划与教学大纲为依据，重新编写出版全国通用的教科书，统一教科书选用，这一举措初步扭转了前十年教科书选用的混乱局面，实行"一纲一本、统编通用"教科书选用制度。

4. 择优选用时期（1986 年至今）

20 世纪 80 年代正处于中国教育体制改革时期，1986 年成立全国中小学教材审定委员会并颁布《全国中小学教材审定委员会工作章程》，明确了我国中小学教科书建设和改革的指导思想。至此，我国实行多年的"国定制"教科书选用制度改革为"审定制"教科书选用制度。① 1992 年发布的《关于九年义务教育小学、初级中学教材选用工作的意见》指出，教科书选用工作应在省、自治区、直辖市教育行政部门的指导下进行。1995 年 5 月，国家教委印发《中小学教材编写、审查和选用的规定》，明确指出"经全国中小学教材审定委员会审查通过的教科书列入中小学教学用书目录，供学校选用。不得选用未列入目录的教科书"②。

21 世纪，我国实行新一轮基础教育课程改革，教科书选用制度发生了更大变化。《基础教育课程改革纲要（试行）》指出，"加强教材的使用管理。教育行

---

① 李水平. 新中国教科书制度研究［D］. 长沙：湖南师范大学，2014：107.
② 何东昌. 中华人民共和国重要教育文献：1991—1997［M］. 海口：海南出版社，1998：3811.

政部门定期向学校和社会公布经审查通过的中小学教材目录，并逐步建立教材评价制度和在教育行政部门及专家指导下的教材选用制度"①。一方面是要加强教科书的建设，另一方面是为了规范教科书的选用，强调了教科书选用过程中的规范性和民主性。2014 年 9 月，教育部印发的《中小学教科书选用管理暂行办法》，对中小学教科书的选用机构、选用程序及监督内容作出规定，保障教科书选用管理工作的顺利实施。② 2019 年，教育部印发的《中小学教材管理办法》第六章"选用使用"第二十六条规定："省级教育行政部门负责本地区中小学教材选用使用工作的统筹管理，领导和监督中小学教材选用工作。教材选用应遵循公开、公平、公正的原则，保证选用过程规范、有序，确保选出适合本地区中小学使用的优质教材。"第二十七条规定："中小学教材选用单位由省级教育行政部门根据当地实际情况确定。教材选用单位应当组建由多方代表参与的教材选用委员会，具体负责教材的选用工作。"③

目前，我国教科书选用管理存在的问题主要有：第一，教科书竞争管理相对混乱。竞争机制下教科书的质量水平不断提高，教科书建设更具科学性与合理性。但在实际操作过程中，竞争机制管理疏漏、相关教育行政部门为既得利益对教科书的选用具有偏向性，使得"教科书特色化与高质量发展"未能真正落地实施。第二，教科书编写体制主要由专业出版社、教育行政部门、高等院校和省级行政部门组织编写。我国各地对教科书选用工作要求不同，有益的地方政策能够促进教科书科学选用。第三，教科书选用权尚未实现。随着教科书管理体制的变革发展，教育行政机构以及学校获得相应的选用权。权力在下放，国家、地方

---

① 教育部. 基础教育课程改革纲要：试行[J]. 中华人民共和国国务院公报，2002 (12)：28 – 31.

② 教育部. 中小学教科书选用管理暂行办法[J]. 中华人民共和国国务院公报，2015 (5)：74 – 76.

③ 中华人民共和国教育部. 教育部关于印发《中小学教材管理办法》《职业院校教材管理办法》和《普通高等学校教材管理办法》的通知[EB/OL].

与学校对选用制度需做出对应安排。

为完善教科书选用管理，政府要做好教科书选用的竞争机制运行工作，在竞争机制下认识教科书的地位和重要性。首先，政府部门履行监督管理职责，运用竞争规则，加强机制监督，采用优胜劣汰的策略，合理有序地规划教科书选用。其次，加大教科书选用监督力度。教育行政部门积极参与教科书的选用过程，建立监督制约机制，保障选用的科学合理化。提出相关保护性政策加大教科书选用的推广力度，扫除运行过程中各种隐形"保护伞"障碍，使教科书选用制度走向绿色可持续发展轨道。最后，保障下放教科书选用权。我国地域辽阔，受教育人口众多，单一由政府及教育行政部门选用教科书，地域的差异性会使得选用不尽合理。因此，下放教科书选用权，一方面可以使学校教师根据实际教学情况拥有教学用书选用权，另一方面也将对出版单位高质量印行教科书起到督促规范的作用。

二、教科书选用主体

做好教科书的选用管理，其中选用权的分配问题至关重要，主要包括教科书选用主体、主体构成和教师选用权三方面。

（一）选用主体

《中小学教科书选用管理暂行办法》第二章"选用机构"明确指出："中小学教科书选用单位由省级教育行政部门根据当地实际情况确定。选用教科书应当组织成立教科书选用委员会，具体负责教科书的选用工作。教科书选用委员会应当由课程教材专家、教研员、中小学校长和教师等组成，其中一线教师不少于1/2。教科书选用委员会分学科组负责教科书初选工作。教科书编写人员、出版发行人员不得担任教科书选用委员会成员。"这也是从政策文件的角度对教科书选用主体的权力给予认可。教科书选用委员会委员采用任期制，任职期间严格按照教育部制定的程序开展本职工作。

（二）主体构成

　　教科书的选用过程是由学校、教师等多方力量的共同整合，选用组织应具有多样性，成立各单位教科书选用小组，开展选用工作。各学校可根据本校教育实情成立学校教育委员会，负责议定教科书选用办法，进行需求评估、监督和评价教科书选用事宜，建立选用的标准和工具，提出教科书选用建议。① 在学校教育委员会的基础上，建议成立各学科教育委员会负责学科教科书选用工作，并提出建议。分层级下放选用权，学科教育委员会将选定的教科书上呈至学校教育委员会，可经学校教育委员会裁定与校长认可后，开展教科书的采购工作。

（三）教师选用权

　　教师作为教科书的主要使用者之一，如果没有参与教科书的选用，而是被动执行，那将不利于教科书的改革创新和教育事业的发展进步。教科书选用委员会需要强调两点：一要突出一线教师在选择中的主角作用，二要尊重学生的意见。② 在教学过程中教师作为主要的使用者，选用教科书应在"选"与"用"之间相互协调。教科书选用的最佳保障就是赋予教师选择权。教师的教科书选用权既体现了公共权力，又体现了专业权力。公共权力主要指教师为本地区和学校选择适合的教科书类型，其实质为一种公共事务。教师选用教科书是为促进学生身心的全面发展，使得学生获得实质利益。服务教育事业亦即服务公共利益。教师在行使选用权的过程中秉持公开、公平和公正的原则，也是公共权力的一种典型特征。专业权力是由学科的专业知识所产生的，从学科背景出发，构建与行使权力，履行专业赋予教师的特殊职责与义务。作为教育领域的专业人员，教师最了解教学实际状况。因此，教师在选用过程中应保持民主原则，保障教科书选用顺利、公平实施。为进一步做好教师在教科书的选用工作，保障选用工作的高质量

---

① 王明建. 中小学教科书选用的理解与操作[J]. 教学与管理，2008(34)：70-71.
② 韩冬云. 中小学校教材选用存在的问题及其对策[J]. 教学与管理，2007(19)：16-18.

开展，应注意：第一，明确教师在教科书选用时的职责。要制定详细的进入规则；要根据教科书选用的标准确定哪些工作由教师承担；要制定问责机制。[①] 第二，发挥法律保障教科书选用权的作用。确立教科书选用工作的正式制度，完善选用评价机制，最后经过审视与决议，赋予教师选用权利。第三，提高教师选用工作的专业化水平，为教科书选用工作顺利进行提供专业支持。

三、教科书选用过程

教育部"基础教育教材选用与课程资源开发的研究"课题组于 2006 年 11 月至 12 月开展了对全国 11 个省教科书选用情况的调查，主要分为四项内容：一是对新课程实验教材选用方法和当地教材选用工作情况的了解程度；二是对教材选用结果的满意程度；三是对目前教材选用工作的意见和看法；四是对新课程实验教材培训与教材使用情况的反馈。此次调查结果反映出教材选用工作中存在的主要问题：一是教材的选用政策和方法还未被学校与教师了解，教材选用的意义也未被广大教师认识；二是教材选用结果的公开透明度不够；三是教材选用工作中存在一些干扰，需要进一步规范行政部门的行为。教材使用前开展培训对提高教师对教材的理解、保证教学质量有比较好的效果。[②] 分析此次调查结果更加有利于了解我国基础教育教材选用情况，为此后的教材选用工作提供经验支持。

（一）选用原则

国家教材委员会于 2020 年 1 月印发的《全国大中小学教材建设规划（2019—2022 年）》要求在管理上抓分工落实，完善统一领导、分级负责的教材管理体制；在治理上抓制度落实，分学段、分类型制定教材管理办法；在运行上抓机制落实，建立和完善教材编写、凡用必审、监测反馈等重要机制。

---

① 杨晓丽. 教师的教科书选用权力研究[D]. 北京：首都师范大学，2011：33.
② 《基础教育教材建设丛书》编委会. 中小学教材选用情况的调查报告[M]. 北京：人民教育出版社，2008：25.

首先，选用符合课程改革基本方向的教科书。课程改革根据社会发展和教育实际需求做出相应调整，教科书是最主要的学习资源。因此，教科书的选用要紧紧跟随课程改革的步伐，符合课程改革的理念与基本方向，促进教育事业的革新与社会的长远进步。其次，教科书选用既要"选"又要"用"，"选"是手段，"用"是目的。"为用而选"出最适合教学的教科书是其目的所在。[①] 教科书是学生学习的主要工具，优质的教科书可以留给学生更多的思考与创造空间，学生通过教科书主动探究，培养创造性思维。教科书是教师教学的辅助性工具，教师通过选择优质的教科书，在课堂中增加创造性教学的空间，采取多样的教学模式和方法，实现教学目标，教师有效且高质量的教学对学生发挥自身才能也具有示范作用。以上海金山区钱圩小学选用教科书为例。钱圩小学为了配合本校的象棋特色课程，选用了《棋海一粟——象棋校本教材》，该套教材系统地介绍了象棋文化的知识和技能，分五册，适用一至五年级学生。同时，学校选用了《象棋校本教材指导纲要》，配合现场观摩、教学研究等一系列培训活动，来打造业务能力过硬的象棋教师团队。最后，选用具备公平、公正、公开、透明的教科书选用原则。教科书的选用既是教育部门与学校的事务，也与学生和家长息息相关。家长作为学生的主要发言人，有权对教科书选用工作提出相关建议。因此，在教科书的整个选用过程中，应保持公平、公正、公开、透明的原则，教师、学生、家长以及社会相关成员能够清晰了解整个选用过程，并可以发表自己的看法和意见，以此确保教科书选用工作的顺利开展。

（二）选用程序

根据《关于 2002 年秋季基础教育新课程实验区教材选用的紧急通知》，我国教科书选用的一般程序如下：①成立教科书选用委员会；②建立教科书展示的场所；③选用委员会在认真阅读教科书的基础上经过民主审议选出教科书，并报备当地教育行政部门。[②]《中小学教科书选用管理暂行办法》规定，中小学教科书

---

① 王明建. 中小学教科书选用的理解与操作[J]. 教学与管理，2008(34)：70–71.
② 陈蕾. 我国中小学教科书选用的困境与对策[D]. 长沙：湖南师范大学，2013：25–26.

选用单位由省级教育行政部门根据当地实际情况确定。选用教科书应当组织成立教科书选用委员会,具体负责教科书的选用工作。教科书选用委员会应当由课程教材专家、教研员、中小学校长和教师等组成,其中一线教师不少于1/2。教科书选用委员会分学科组负责教科书初选工作。教科书编写人员、出版发行人员不得担任教科书选用委员会成员。教科书选定后出现下列特殊情形之一的,应当由选用委员会按程序重新选用教科书:①严重违反选用程序规定的;②课前没有按时到书的;③与教育部审定内容不一致的;④其他严重影响教科书使用的。教科书选用工作一般应在当年4月底前完成,为教科书的征订、出版、发行留有足够时间。① 这些选用管理办法的制定为教科书选用公平公正的运行提供了制度保障。

综合上述规定,我国中小学教科书选用程序如下:

第一,形成初选意见。教科书选用委员会通过研读、比较与分析《全国中小学教材目录》所列的本学科所有版本教科书,初步提出选用教科书的意见。

第二,投票选定结果。教科书选用委员会充分讨论学科组的初选意见,通过投票方式选定教科书,并将会议讨论记录和投票结果记录在案。除三科统编教科书外,义务教育阶段每个学科要选用三种以上(含三种)版本的备选教科书,普通高中每个学科要选用两种以上(含两种)版本的备选教科书,特殊情况报国务院教育行政部门备案。

第三,报送选定教科书。各级教育行政部门应将教科书选用结果在本级教育部门网站上公示,对异议进行核查处理。公示期不少于7日。公示结束后,由省级教育行政部门将本省选定的教科书结果报国务院教育行政部门备案。

要完善教科书选用程序,健全教科书选用目录制尤为重要。我国对中小学教学用书目录实行国家和省级教育行政部门两级管理。国家教育行政部门组织编制《中小学教学用书目录》,再分春、秋两季印发全国各省级教育行政部门。省级

---

① 中华人民共和国教育部. 中小学教科书选用管理暂行办法[J]. 中华人民共和国国务院公报,2015(5):74-76.

教育行政部门先组织相关人员研究国家制定的《中小学教学用书目录》，再审查通过与地方课程相配套的教科书，两者合一制成省级《中小学教学用书目录》。2016 年发布的《关于加强和改进新形势下大中小学教材建设的意见》指出：要规范教材选用，建立健全教材目录制度，中小学（含中等职业学校）国家课程教材必须在国家公布的目录中选用。教材选用目录是教材选用的依据，它直接决定了高水平的教材是否能够进入到课堂教学中。[①] 因此，整合教科书目录选用，增进目录选用的透明性，抓紧目录制的落实，以完善教科书选用管理。教育部印发的《中小学教材管理办法》《职业院校教材管理办法》《普通高等学校教材管理办法》《学校选用境外教材管理办法》（以下简称"四个教材管理办法"）重点解决各级各类教材谁来管、管什么、怎么管的问题。一是明确管理主体责任，坚持"谁编写谁负责""谁选用谁负责"；二是学科学段环节全面覆盖；三是坚持"凡编必审""凡选必审""管建结合"，将教科书建设纳入教育督导范畴，加强激励保障，激发建设活力，切实提升教科书质量。

要解决教科书选用存在的问题，关键要做好选用程序的公开。通过互联网的广泛应用，构建与民众互动的平台，吸取社会人士的选用建议，保障教科书选用工作的顺利进行。教科书选用相关部门，要使选用结果公开透明化，听取与采纳对教科书选用的建议，让更多人参与选用过程，增进与家长、学生、教师的沟通交流。"四个教材管理办法"的颁布运行，将为教科书选用程序的具体化发展提供支撑。我国教科书选用应建立严格的选用程序保障教科书质量，用以防止选用过程中意外状况。

（三）选用标准与评价

教科书选用标准对教科书评价起着重要的促进作用，从多角度构建教科书的

---

① 刘学智，张振，王佳楠. 教育综合改革视域下大中小学教材制度体系建设：困境与路径[J]. 东北师大学报（哲学社会科学版），2018(6)：132–136.

选用标准才更具科学化与合理化。从教育学角度，判断是否符合教育规律；从心理学角度，按照学生的心理发展规律编排；从社会学角度，教科书包含的内容要考虑整个社会的关系；从文化学角度，教科书能否正确地体现、承载与传递现有社会的文化。[1] 在教科书内容标准方面，标准的选入应涵盖教科书中的全部内容，并真实地反映教科书品质。对标准的内涵应进行充分的说明，以免造成歧义。标准一旦制定出台，不应轻易改变。教科书的内容标准具备完整性、真实性与实用性特点。标准的建构要根据学校的实际水平，在具体的情境之中进行与发展。在教科书外观方面，注重安全性、美观性和耐用性，以此吸引学生和读者的注意力。评价作为教科书选用环节的最后内容，合理的总结反思将为教科书的选用画上完满的句号。教科书选用评价模式包含：以教师教学内容顺序为主，以学生学习为诉求，以所有审查标准为主、各版本为辅，以单一审查标准为主、各版本为辅的四种评价模式。[2] 评价在选用的基础上，根据地区实际教育状况选择教科书，以此保证教科书选用的科学性。

第三节　教科书发行供应管理

发行与供应作为教科书管理中的重要环节，它为教科书顺利的使用与合理的应用保驾护航。

---

[1] 陈蕾. 我国中小学教科书选用的困境与对策[D]. 长沙：湖南师范大学，2013：60－61.

[2] 邱玲玲. 我国中小学教科书选用评价标准研究[D]. 长沙：湖南师范大学，2012：48－50.

一、教科书发行供应制度概述

（一）教科书发行制度概述

教科书发行制度是指一个国家的政府对本国教科书的发行主体、发行权限、发行形式、发行渠道及其他发行条件用法律形式加以限制的制度。① 世界各个国家的发行制度主要包括国家发行制度、国家与民间共同发行制度、民间自由发行制度三种类型。

要保证教科书发行制度的顺利实施和有效运行，必须优化教科书发行制度的运行环境。竞争机制是影响教科书发行工作最为关键的外部因素之一。国定制时期的教科书统一由新华书店发行，竞争机制对教科书的影响与调节作用有限，此时会造成一定的保护主义倾向，阻碍规范化市场环境的形成。基础教育课程改革的实施打破了中小学教科书垄断局面，相关资质出版单位具备中小学教科书发行权，但由于政策法规尚未健全，教科书发行市场仍相对混乱。因此，为保障教科书的规范发行，应建立完整的教科书市场体系，整治教科书市场环境，使得教科书发行获得相对的经济效益与社会效益。

（二）教科书供应制度概述

教科书供应制度是为了规范教科书供应商的管理，提高教科书经营合理化水平而制定的规章制度。② 各个国家根据自身经济发展水平、市场经营模式、教育实际需求等因素采用不同的教科书供应制度。教科书的供应制度一般包括教科书供应主体、供应形式、供应费用等内容。

不同国家和地区教科书供应制度不同，主要包括租用制、借用制、购买制与赠送制。租用制是指学生租用学校的教科书供自己使用，使用完毕后将其归还的

---

① 李水平. 新中国教科书制度研究[D]. 长沙：湖南师范大学，2014：72.
② 李水平. 新中国教科书制度研究[D]. 长沙：湖南师范大学，2014：75.

一种教科书供应制度。英国、新西兰等国在义务教育阶段使用租用制。借用制是由国家、地方或教育单位统一购买教学用书，学生在学习时免费借用，学习结束后将其归还学校，以供下一届学生继续使用。法国、美国在义务教育阶段采用借用制。购买制是由学生家长出资购买所需的教科书，学生拥有教科书的使用权与所有权。目前我国高中阶段实行购买制，如俄罗斯、新加坡等大多数国家在非义务教育阶段都采用购买制。赠送制是由国家、地方或学校出资购买教科书，免费赠予学生使用的一种供应制度。瑞典、韩国采用赠送制，我国义务教育阶段采取的教科书供应形式为赠送制，日本义务教育阶段教科书也采用赠送制。随着国家经济发展水平的提高，义务教育阶段教科书的无偿供应成为主要的供应形式。

（三）我国教科书发行供应制度的发展历程①

1. 全国统一印供时期（1951—1965 年）

中华人民共和国成立之初，国家为规范教科书编写、印制、发行等工作，采用全国统一印供。教科书的供应工作由国家统一安排，由新华书店统一供应与包销。此时期教科书拥有统一的发行单位、定价与供应，教科书发行制度采用"国定制"。我国长期以来实行教科书的国办国营政策，即由官方统一定价，出版社负责出版印刷，新华书店负责发行供给，一般采取"信用预订，预印预发，先运后返，先山区后平川""按时定量，课前到手，人手一册"的工作原则，新华书店在系统内实行"统一发行，分区负责"，以分地结算盈亏为原则。其指导思想是"满足需要，方便学校，按时准确"。在管理体制上，总店负责宏观控制，省级店是教科书发行的枢纽站，销货店是教科书发行的基层环节。②

---

① 李水平. 新中国教科书制度研究[D]. 长沙：湖南师范大学，2014：81-86.
② 曾天山. 教材论[M]. 北京：人民教育出版社，2019：197.

2. 自编自印自用时期（1966—1976 年）

1966 年到 1976 年，中小学教科书发行供应制度遭到严重破坏，人民教育出版社的教科书被禁用与停止出版。全国各省区市相继成立教科书编写小组编写过渡性教科书。于是出现了"自编自印自用"教科书的局面。各地可根据需要全部或部分采用省编教材，同时也可以自编教材或补充教材。

3. 租型印供时期（1977—2000 年）

教科书租型印供制度是由中国的国情决定的，是中国计划经济时代的产物。在中华人民共和国成立初期，为保障"课前到书"，采取租型的方法来解决教科书数量紧缺的现状。人民教育出版社在春、秋两季教科书的供应中面临巨大困难，通过把教科书型版租给各新闻出版发行单位，再收取一定的版额费用。

租型印供制度首先经过"分区造货"，租型业务改由各大行政区和人民出版社承担，各大区新华印刷厂印刷，新华书店发行。其次经历"分地造货"，分地区统计印数、分地区印刷、分地区发行、分地区结算盈亏，但全国统一定价。当地人民出版社负责印造教科书的任务。最后经历"分省造货"，教科书此时由各省"自行租型印制"。"分省造货"制度既节约了人力、物力、财力，也节省了发行时间，促进了"课前到书"的实现。

1977 年底，教育部和国家出版事业管理局提出教科书出版发行工作要做到"按时""足量"供应学校，实现"课前到书，人手一册"的要求。为此，人民教育出版社沿用分省"租型印供"模式。随着改革开放的深入和市场经济的发展，租型印制面临新的形势。租型印供要紧随时代发展进行相应的变革与调整，更好地服务社会、服务教育需要。

4. 招投标印供时期（2001 年至今）

2001 年公布的《出版管理条例》规定："教科书由国务院教育行政部门审定或者组织审定，其出版、印刷、发行单位由省级以上人民政府出版行政部门、教育行政部门会同价格主管部门以招标或者其他公开、公正的方式确定。"随后，《中小学教材发行招标投标试点实施办法》颁布实施，我国中小学教科书进入招投标印供时代，中小学教材必须保证"课前到手，人手一册"，用以推动发行工作的顺利进行。

2002 年重庆、安徽、福建三地开展第一轮教科书招投标工作；2006 年有 11 个省、自治区、直辖市实行公开招标；经过试点，2008 年中小学出版发行公开招投标工作在全国试行。《中小学教材出版招标投标试点实施办法（修订)》和《中小学教材发行招标投标试点实施办法（修订)》对投标的时间、招标人、投标人、招标项目、招标档、招标公告、开标、评标、中标、监督与管理等一系列事项都作了相关规定。

时间：取得中小学教材总发行权的有效期原则上不少于两学年。

招标人：依据本办法进行试点的省、自治区、直辖市人民政府，由省级新闻出版行政部门会同教育行政部门和价格主管部门具体组织实施。

投标人：响应中小学教材发行招标、参加投标竞争的主营书刊发行的独立法人单位。

招标项目：试点省、自治区、直辖市区域内使用的中小学教材全部品种的总发行权。

监督与管理：国务院新闻出版行政部门、教育部门、价格主管部门负责对教材发行招标活动的全过程进行监督。

（四）出版发行工作

1. 发行工作的现状

首先，进一步打破行业垄断格局。中小学教科书招投标制度的发布，在全国增加试行地点，由 3 个地区到 11 个地区再到全国范围内的试行，进一步打破新华书店的发行垄断。其次，价格管控合理。"四个教材管理办法"对教科书的价格实行严格管理，教科书出版发行的利率降低，保持"保本微利"的原则。此外，国家对农村提供特别保障机制，贫困学生能够免费获得教科书，教科书的价格受到重重限制。最后，竞争机制进一步完善。出版社在招投标工作中，集合专业人士开展竞争工作，强化危机意识，竞争力获得提升。

2. 招投标工作存在的问题

首先，资质审查不够。中小学教材投标发行人资格准入门槛过高，评审委员会人员构成不尽合理，有可能导致不具备总发行权的单位被破格参与发行招标的问题依然存在。在教材出版招标中，有的不具备资质的直供教材出版社的私人代理商违规参与了招投标。① 其次，招标体系尚未健全。招标流程不够明确，人员多有临时抽调的情况，缺乏对工作人员制定明确的要求。招投标监督体制要在过程中工作具体化和透明化，结果信息要及时沟通交流。最后，回款流程烦琐。学校、新华书店和出版社对教科书的回款流程烦琐，新华书店作为中间环节，付款和收款成为主要问题，处理不当将会影响教科书的整体发行工作。

3. 完善招投标工作的策略

首先，实行严格资质管理。在教科书的发行资质方面，对发行单位实行严格的行业准入制度，用以保障教科书质量。其次，遵循公平公正的原则。中小学教科书招标与投标的整个过程应公开化与透明化。实施加强对招投标体系的监督，并公开最终结果。开标时，坚持公开、透明，由投标人推举代表，检查所有投标文件的密封情况，确认后当众拆封，宣读投标人名称、投标价格以及其他各项内容。② 最后，发行权招标不分标。中小学教科书的发行权应该总体打包，如若分标，发行商的教科书实际供应量将与招标时有所差距，发行商备货难度增大，而且积压存货的现象也会发生。

二、免费教科书制度

免费教科书制度是义务教育发展到一定阶段的产物，是社会经济发展的必然

---

① 杨小忠. 对中小学教材出版发行招投标试点工作的探讨及建议[J]. 出版发行研究，2007(8)：49-53.

② 刘娟. 打破垄断 让利于民：皖、闽、渝中小学教材出版发行招投标试点工作顺利结束[J]. 中国出版，2002(5)：16-17.

结果。21 世纪以来，随着经济水平的提高和财政收入的增长，国家对教育事业的发展尤为重视。2001 年 6 月，《国务院办公厅转发体改办等部门关于降低中小学教材价格深化教材管理体制改革意见的通知》与《关于对全国部分贫困地区农村中小学生试行免费提供教科书的意见》颁布，从 2001 年秋季开始，在全国部分贫困地区农村中小学，试行为家庭经济困难的学生免费提供教科书，拉开了在农村地区推广使用经济适用型教科书的序幕。

2004 年 2 月，财政部与教育部联合颁布《对农村义务教育阶段家庭经济困难学生免费提供教科书工作暂行管理办法》，宣布将免费教科书对象范围逐步扩大至享受"两免一补"的中小学生，从未"普九"的国家扶贫开发工作重点县中的农村贫困中小学生，逐步惠及中西部农村地区贫困中小学生。可见中央财政逐年加大帮扶贫困地区和贫困学生的力度的决心。同时要求地方各级财政部门也要设立专项资金，逐步帮助学校免除家庭经济困难学生杂费，对家庭经济困难的寄宿学生也要提供必要的生活补助。2007 年全国农村实行此项政策。2008 年在全国城乡普遍实行免费义务教育，继续增加农村义务教育公用经费，提高保障水平。[①] 2017 年义务教育教科书免费政策实现城市与乡村的全部覆盖，这也是我国实行义务教育教科书免费供应制度的历史时刻。义务教育阶段采用教科书无偿使用（包括无偿发放或无偿借用）制度是真正实现教育义务化、平等化的标志。[②]

教科书免费供应制度既符合义务教育的基本要求，同时也对教科书编制质量的提高具有更为关键的作用。随着我国综合国力的增强，以及对义务教育阶段教科书编写质量要求的提高，开展教科书免费供应制度势在必行。根据中国历史文化与教育传统，积极建立起具有中国特色的教科书无偿供应模式。

---

① 侯晓明. 我国现行中小学教科书制度研究[D]. 武汉：武汉大学，2011：55.
② 沈晓敏. 世界各国教科书制度对我国的启示[J]. 全球教育展望，2001(9)：66—71.

三、教科书循环使用制度

教科书的循环使用制度受到国家与社会的重视，2002 年我国成立教科书循环使用的首批试点，2006 年修订的《中华人民共和国义务教育法》规定，"国家鼓励教科书循环使用"，并明确指出："从 2008 年春天开始，小学的《科学》《音乐》《美术》《艺术》《信息技术》；初中的《音乐》《美术》《艺术》《体育与健康》《信息技术》等教科书实行循环使用制度。"循环使用教科书只配备学校，由当期学生使用，学期结束后归还学校。从 2008 年春季学期起，我国农村义务教育阶段的部分教科书实行循环使用制度。[①] 在相关法律规章制度的引导下，义务教育阶段的教科书循环使用制度的运行逐步发展成熟。

（一）教科书循环使用制度的由来

第一，建设节约型社会的实际所需。经济的迅猛发展使社会环境承受巨大的压力，全社会对环境污染治理的任务异常艰巨。由于人口众多，资源消耗量大，我国预期之内节能减排任务的完成存在挑战，采用教科书的循环使用可同时做到节约资源与保护环境。教科书生产需要纸张、印刷、运输等多项资源的消耗，循环使用教科书在节省纸张的同时，又能减少水、木材等能源使用。它既可以满足节能型经济的需求，同时还能够促进社会资源的可持续发展。

第二，降低教育经费与成本的现状。首先，长期以来，我国教育经费使用紧张，经费供应不足将难以保障教科书的研制质量。循环使用制度为教科书节约大量经费投入，减轻教育负担，是造福于民的重要举措。实行教科书循环使用，国家承担教材费用，学生免费使用，在一定程度上堵住了学校乱收费的口子，有利于从根本上治理教育乱收费。[②] 其次，我国教科书标准逐年提高，内容丰富、制

---

① 李水平. 新中国教科书制度研究[D]. 长沙：湖南师范大学，2014：86.
② 汪丞. 我国推行中小学教科书循环使用制度研究[J]. 教育学术月刊，2008（3）：53–
56.

作精美，价格也随之上涨。各个家庭购买教科书的成本逐渐加大，教科书循环使用将能够降低家庭教育成本，减轻教育负担。

第三，积极推进素质教育的内在需求。素质教育要求减轻学生学习负担，书包书本不宜过重，教科书的循环使用可以从小培养学生养成节约资源、认真、负责的习惯。从上一届学生手中接过教科书，具有一脉相承的仪式感，诚信对待教科书的使用，保持教科书干净整洁，这在无形之中赋予教育真正的意义。循环使用正符合国家开展素质教育的需求，为积极促进学生全身心的健康发展贡献力量。

（二）教科书循环使用制度的界定①

教科书的循环使用制度可以从两个方面来理解：就学生而言，同一本教科书可以被不同的学生反复使用；就教师而言，同一本教科书可以被不同的教师或同一教师反复使用。

教科书循环使用的关键是：教科书内容应当具有一定的稳定性，不能频繁更换内容，至少要保证一定周期内的内容稳定；教科书应保证用纸质量及装帧质量，确保循环使用的教科书至少具有 3 年至 5 年的使用寿命；还要求学生与教师在教科书使用过程中保证教科书的整洁与卫生，不得随便在教科书上做笔记、做练习，确保其他学生能够重复使用。

（三）教科书循环使用制度存在的问题

第一，教科书自身质量不达标。由于经济条件的限制，我国教科书制作成本低，在印刷、用纸方面工艺简单，可保证使用一定期限，但无法长期循环使用。教科书经过一个学生的学习，破坏、磨损的现象严重，再加以勾画、描写与填涂，几乎不能清晰地为下一个学生呈现学习内容。新课程改革的实行，对教科书的更新换代提出不同的要求，这也将为循环使用制度的实施造成一定阻碍。

---

① 李水平. 新中国教科书制度研究［D］. 长沙：湖南师范大学，2014：79.

第二，学生家长观念的不支持。作为学生的监护人，家长不支持和理解教科书采取循环使用制度。一方面，家长想让学生带走教科书复习课业，循环使用不能满足家长对孩子携带教科书回家进行再教育的需求。另一方面，家长不愿意让孩子使用二手教科书，其一为不是全新的书本，难免有勾画、涂抹，极易吸引孩子注意力，其二是循环使用的教科书会有卫生方面的问题，携带病毒细菌，存在影响中小学生健康的风险。

第三，学校教师教学的难适应。循环使用教科书对学校各科任课教师教学影响严重。语文、数学等科目日常课时量大，学生使用教科书需要做一定的勾画与标记。数学则需要进行大量计算推演，这些都需要使用教科书完成任务，如若不能勾画将会使教学效果大打折扣。此外，美术绘画也需要在教科书中进行色彩涂抹，循环使用教科书时，教师不能轻易放手让学生涂抹，影响教学质量，因此学校教师难以接受此项制度。

（四）教科书循环使用制度存在问题的解决策略

第一，提高教科书制作与使用质量。教科书的循环使用在我国具备一定的可行性，提高制作质量是其顺利开展的前提条件。若要延长使用年限，那么对教科书纸张选用、制作、装订方面要提出全新要求。既要做到循环利用，又要防止交替传递带来的细菌传播伤害。在制作教科书时重视教科书的纸张制作质量和编写内容的充实度，让教科书在循环使用的过程中经得起时代的考量与历史的打磨。

第二，开展学生文明用书习惯教育。学校应该采取多种多样的宣传形式，开展文明使用教科书活动，号召学生节约资源，保护课本，尽量不在作业本与习题册中书写、勾画。对有损坏的教科书，学生应在教师的带领下及时主动地修复与弥补，若发现损坏极重的，应予以回收再利用。学生认真对待教科书，并完整地传递给下一届学生，亲身体会自己辛勤劳动的果实。珍惜旧课本，循环传递使用，从小培养学生诚信、负责、奉献的良好精神与品质。

第三，教师更新观念，转变教育方式。教师要做教科书循环使用的倡导者，在教科书的保护方面起到积极的宣传示范作用，带领学生不随意涂抹，不乱写乱画，保管好教科书。日常工作中做到"三结合"，指把教材循环使用工作、学生思想品德教育和日常行为规范管理三者结合起来，① 为培养学生的节约意识与环保意识不断努力，让学生逐步养成良好的学习习惯。教师在教学过程中要更新教育观念，转变教育方式，使学生少写留在课本上的作业，多增加创新式的探究活动项目，以此加强教科书循环使用的寿命。

---

① 刘建春. 中小学教科书循环使用的困惑与对策[J]. 教学月刊（中学版下），2009（1）：29-32.

第五章

教科书人力资源管理

人力资源管理是当前管理学研究较为关注的一个新兴领域，以"人"为核心，视人为管理的"资本"，以实现管理系统之优化，是一种动态的、可持续发展的管理理念。那么，人力资源管理理论对教科书管理有何启示？它在教科书管理中如何应用？本章在分析人力资源管理与教科书人力资源管理两者异同的基础上，阐明教科书人力资源管理的概念、目标和内容，及其对教科书管理相关者的素质要求。

第一节　教科书人力资源管理概述

一、人力资源与人力资源管理概述

（一）人力资源的概念与特点

1. 人力资源的概念

人力资源是一种特殊形式的资源。《辞海》将"资源"定义为"生产资料或生活资料的来源"。资源一般可以分为自然资源和社会资源，前者由大自然提供，具有自然属性；后者是人为的，主要包括劳动力资源、各种基础设施资源和物质设备，以及信息、科技、管理等非物质资源。人类的知识和体力就是一种重要的社会资源，可以称之为人力资源。

1954 年，彼得·德鲁克在其著作《管理实践》中正式引入了"人力资源"的概念，并指出人力资源与所有其他资源的唯一区别在于它具有组织中其他资源所没有的"特殊能力"资源，即协调能力、整合能力、判断能力和想象力。我国最早使用"人力资源"这一概念的文章是毛泽东同志的《中国农村的社会主义高潮》："中国的妇女是一种伟大的人力资源，必须发掘这种资源，为建设一个社会主义中国而奋斗。"[①] 目前，学界对"人力资源"概念的解释有着不同的看法，主要持以下两类观点：第一类选择从人的角度出发解释"人力资源"这一概念，持人力资源的"人员观"，认为人力资源是组织内外具有能够推动社会经济发展的劳动能力的人员的总和。第二类选择从能力的角度出发解释"人力资源"概念的内涵，持人力资源的"能力观"，认为人力资源是组织内外具有能够推动社会经济发展的劳动者的能力总和，其中包含已投入和未投入到经济建设的劳动者能力。上述两类观点虽有分歧，但均认可"人力资源"是以人类本身为载体的社会资源，人力资源离不开人，离不开劳动，同样离不开拥有人力资源的组织。

因此，人力资源是指一个国家、地区或者某一组织中，体能、智能以及技能健全，从事益于社会经济发展的体力劳动或脑力劳动并借此为人类创造财富，进而推动社会经济发展的劳动者的总和。

2. 人力资源的特点

（1）生物性

人力资源的生物性特点是人力资源最基本的特点。人力资源的主体是人，是一种"活"的资源，与人自身的生理特征紧密相关，自身便具有食物、衣着、

---

① 毛泽东. 毛泽东选集：第五卷[M]. 北京：人民出版社，1977：252–253.

住房、交通、生殖繁衍和再生产等生理需求。基于人力资源的生物性特征，人力资源的生产和使用就要受到人自然生命特征的限制，如身体条件、智力水平、卫生健康等。因此，我们不能过度使用和开发人力资源，否则将适得其反，破坏人力资源的可持续利用。此外，人力资源的生物性还具体表现为再生性。一是指劳动力的再生产和人口的再生产，人力资源能够通过总体内个体的更新替换和劳动力不断得到补偿得以实现；二是指人力资源在使用过程中可以通过教育或是培训等途径不断得到提高和丰富，其使用过程也可视为其开发过程。

因此，人力资源管理要充分尊重人力资源的生物性，满足人的各种生理需求，提供在职教育等提高个体水平的机会。

（2）主观能动性

人力资源区别于其他社会资源最根本的特征就是主观能动性，人力资源是"有意识"的，人力资源具有自觉性、自发性，能根据自身需求对外部环境积极主动地做出反应，能够有目的地主动使用其他社会资源或自然资源去推动社会经济的发展。此外，人力资源的主观能动性还预示着人力资源具有不断发展的潜力，具有自我开发性。人力资源在从事劳动工作时会产生损耗，但同时又能通过自身的合理行为得到弥补更新，适应环境的变化要求，创造更多的财富。

人力资源的主观能动性的发挥与预期设定的目标和结果息息相关，若预期结果对人力资源的效用较大，其主观能动性就会随之增强；反之，人力资源的主观能动性就会减弱。此外，人力资源的主观能动性还突出表现为自主选择性，即人力资源的主体能够自主选择是否就业、就业的形式，并且在从事劳动工作时，主体也可以自主选择自身智能和体能的发挥程度。因此，人力资源管理必须要对管理的人力资源有充分的了解和把握，营造平等的竞争环境，建立完善的激励机制，才能更好地发挥人力资源的主动性和积极性。

（3）时效性

人力资源的时效性是指人力资源的形成、开发、配置以及使用，都会受到时间的限制。人力资源的时效性导致人力资源要在一定的时间内进行开发，错过这一时期，就容易荒废或是退化。作为人力资源主体的劳动者，能够从事劳动活动的自然时间被限定在其生命周期的中间一段，在从事劳动活动的不同时期，人力资源的工作能力也有所不同。

首先，人力资源的时效性与人的生命周期息息相关。人力资源存在于人的一生之中，是一种具有生命的社会资源，其发展的各个环节都要受到时间的限制，在不同的生命周期中，人们的工作能力和生理特征会有很大的差异。其次，人力资源的时效性意味着其有发挥作用的黄金时期，如果没有及时使用，人力资源的创造力及能力就会大幅降低甚至丧失。最后，当前科技飞速发展，知识更新速度不断加快，一旦忽视人力资源的开发，忽视终身学习，人力资源就将无法适应时代的转变，进而丧失其价值。因此，人力资源管理要紧紧抓住人力资源发挥作用的黄金时期，结合其在不同时期的特点加以开发使用，充分尊重人力资源的时效性特点。

（4）社会性

人力资源作为一种典型的社会资源，具有社会性的特点。人力资源的社会性是指人力资源处于特定的社会中，不同的文化背景、社会形态都会直接影响或是反映出人的思维方法、行为方式以及价值观念等。人力资源主体的生存和发展离不开社会组织与群体生活，人所具有的体能、智能以及技能会明显受到社会和时代发展因素的影响，且具有渴望受到尊重和自我发展的需要。

首先，人力资源的社会性决定了人力资源的形成、配置以及使用都是一种社会活动，人力资源的形成要依赖社会、配置要通过社会、使用要在社会中，人力资源不应仅仅归属于某个具体的社会组织单位，还应当归属于整个社会群体。其次，人力资源具有社会性的特点，直接导致社会整体的经济发展情况对人力资源的生产发展起到决定性的作用。因此，人力资源管理和开发过程中要格外注意人力资源的社会性特点，留意社会政治制度、国家政策、法律法规以及文化环境对人力资源的影响，注意管理举措的群体针对性。

（5）双重性

人力资源的双重性是指人力资源一方面是社会财富的生产者，另一方面又是社会财富的消费者，即人力资源既是投资的结果，同时又能创造财富。因此，人力资源具有生产性和消费性的双重属性。人力资源的生产性为社会组织的生存发展提供了必备的条件；人力资源的消费性则是指为了维持自身的生存和发展，必须相应地消耗一定数量的其他自然资源。在人力资源管理中，要认识到人力资源的投资程度会直接决定人力资源的质量，要注重对人力资源的培养。

本书所探讨的教科书人力资源同样具有上述生物性、主观能动性、时效性、社会性以及双重性的特点。

（二）人力资源管理的内涵、特点与功能

1. 人力资源管理的内涵

1958 年，工业关系和社会学家怀特·巴克在其著作《人力资源功能》中首次把人力资源管理视为管理的一种普通职能展开论述。此后，随着人力资源管理实践与理论的不断发展，国内外涌现出各种人力资源管理学派，从各个角度阐释了人力资源管理的概念，主要有以下几种观点：一是人力资源管理被认为与组织中正确处理"人"和"事"所需的概念、理论和技术有关，强调人力资源管理要协调管理组织的人力资源，在考虑效率和公平性的同时，利用其他资源进行合作，以实现组织的总体目标。二是认为人力资源管理是有效开发、合理利用和科学管理"人"的一系列活动。从发展的角度看，不仅包括人的智力的发展，文化素养和道德意识的提高，还包括人现有能力的充分发展和潜能的有效利用。从利用的角度看，主要包括人力资源的发现、识别、选择、配置和合理利用。从管理的角度看，它不仅包含人力资源的预测和规划，还包含人力资源的组织和培训。三是认为人力资源管理包含两个方面的内容，即"量"的管理与"质"的管理。适当对人力资源进行培训、组织和协调，使其发挥出最佳效果；运用现代

科学方法有效控制管理人的思想、行为和心理，充分发挥人力资源的主观能动性来实现组织目标。

综合以上学界观点，本书认为人力资源管理是指为了满足组织和个人的发展需求，运用现代科学化的管理理论与科学方法，协调好人力与物力之间以及人力之间的关系与矛盾，充分发挥人力资源的主观能动性和潜能，对人力资源进行合理配置、有效开发以及科学管理的全部活动过程。

2. 人力资源管理的特点

人力资源管理具有综合性、文化性、复杂性以及发展性的特点。

（1）综合性

从学科角度看，人力资源管理具有显著的综合性。人力资源管理涉及社会学、经济学、人才学、心理学以及管理学等诸多学科的知识。人力资源管理理论和实践的发展必须借助以上学科的相关基础理论和研究成果才能得以发展。

（2）文化性

不同的文化追求会产生不同的人力资源管理方法，因而人力资源管理具有其特定的人才理念和文化定位。比如，有的组织注重营造和谐氛围，有的组织注重分配公平，有的组织注重人才激励，有的组织注重人力资源的能力提高。因此，不同文化特征的人力资源组织在管理理念、制度设计和实施操作等方面表现差异化。

（3）复杂性

人力资源管理活动本质上是人和人之间的互动，利益和情感之间的复杂性直接使得人力资源管理活动变得复杂。因而，在人力资源管理活动中，管理者往往需要多角度思考问题，不仅要站在组织者的角度看待问题，还需要站在管理对象的角度看待问题，听取管理对象的意见，加强其与管理层的互动。

（4）发展性

从传统的人事管理发展到以战略为核心的现代人力资源管理，被管理者的劳动地位越来越明确，如何发挥人力资源的积极性成为现代人力资源管理理论关注的重点，有效管理人力资源的方式和方法也不断在发展变化。例如，在如何评价人才方面，随着人才测评技术的不断发展，传统的"目测"和"口试"逐渐发展出新的人才测评方法和技术。因此，人力资源管理专业人士有必要不断培训和提高自己的专业技能。

3. 人力资源管理的功能

人力资源管理的功能主要体现在以下五个方面：

（1）获取功能

人力资源管理的首要功能就是获取，是实现人力资源管理其他四种功能的基础。获取主要包括人力资源规划、招聘以及录用等环节。为实现人力资源组织的劳动目标，人力资源管理部门需要根据组织结构制定员工的岗位描述和素质要求，进而制定与组织相对应的人力资源供给计划方案，选用合适的方法和渠道开展招募、选拔、录用以及配置等工作，确保组织能够按时获得必要的人力资源。

（2）整合功能

人力资源管理的整合功能是指让员工和谐相处、协同工作、获得群体认同。整合是组织与员工之间对个体行为与组织规范、个体知识与组织文化的同化过程，让员工了解并接受团体组织的价值观和追求，有助于人际关系融合。组织借助培训和教育等手段实现个体社会化，增强员工之间的凝聚力，培养员工持有与组织一致的文化观念和价值取向，逐渐融入组织，成为组织人员，具体包括新员工的入职引导、企业价值观和文化培训。

（3）维持功能

人力资源管理的核心功能就是维持功能。维持功能是指组织使用一系列的薪酬、绩效、晋升通道管理等活动，留住组织内的核心人员，与此同时，为员工营造一种健康、安全、舒适的工作氛围，保持组织内劳动人员的稳定性和其工作的积极性，充分发挥员工的各方面能力。

（4）调控功能

人力资源管理的调控功能主要是指对组织人员实行合理、公平的动态管理。其中包括对人员基本素质、劳动行为、技能水平、劳动态度以及工作成果等方面进行全方位、全面的考核和评价，并结合考核结果对组织人员作出相应的升迁、奖惩、离退甚至解雇等决定。通过对组织人力资源的再分配和再配置，试图帮助员工提高自身工作效率，找到与员工能力水平相匹配的发展途径，使员工的工作水平达到组织预期。

（5）开发功能

人力资源管理的开发功能是指对组织内员工的素质与技能进行培养，最大程度发挥员工的潜能，使其个人价值得到最大化使用。开发功能主要包括组织和个人发展规划的制定、组织和个人对继续教育和在职培训的投入、继续教育和在职培训的实施、员工的职业发展以及是否有效利用员工等。

以上这五种人力资源管理主要功能与关系模型如图5-1所示。

人力资源管理的五项功能彼此互动，相辅相成。其中获取功能是基础，是人力资源管理工作的首要环节；整合功能是保障，是促使人员和岗位契合的关键手段；维持功能是途径，是稳定发

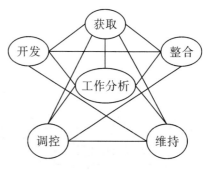

图5-1　人力资源管理主要功能与关系模型

展人力资源的重要方法；调控功能是手段，是保障组织效益得以实现的最可靠的保障；开发功能是目标，是员工创造优良绩效的最重要手段。

（三）人力资源管理理论

人力资源管理理论是在人力资源管理实践的基础上创立的，对推动人力资源科学管理具有引领作用。人力资源管理理论是人们在人力资源管理实践中对人力资源管理知识的总结，有序地反映人力资源管理的客观规律，宏观上主要指研究

内容为人力资源管理立法、人力资源组织机构、人力资源信息管理、人力资源监察等方面的管理理论,微观上主要指研究内容为人力资源发展、人力资源激励、人力资源保障、人力资源配置以及企业家等方面的管理理论。①

我国人力资源管理理论可划分为基础理论与应用理论两大方面。其中,人力资源管理基础理论是指有关人力资源管理实践最本质、最一般的理论概括,其结构见图5-2所示。

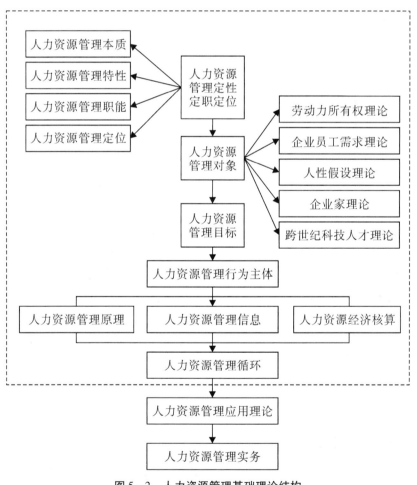

图5-2 人力资源管理基础理论结构

① 汪安佑,曾宝成. 人力资源管理理论[M]. 长沙:国防科技大学出版社,1998:42.

以基础理论为指导，运用于人力资源管理实践所形成的方法性、技术性的理论即为人力资源管理应用理论。其主要是用于制定和实施各项人力资源管理实务规范，主要涉及人力资源投资、人力资源发展、人力资源评价、人力资源激励以及人力资源保障等方面内容，其具体结构如图 5 - 3 所示。

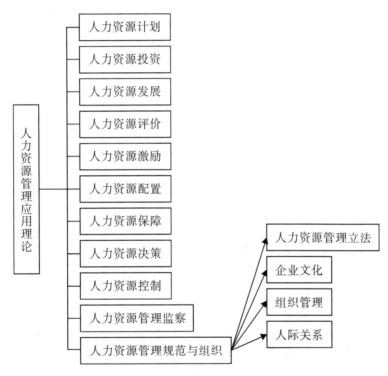

图 5 - 3　人力资源管理应用理论结构

二、教科书人力资源管理的含义、目标与内容

（一）教科书人力资源管理的含义

1. 教科书人力资源的含义

教科书人力资源就是指在一个国家或地区中，从事教科书研制和管理工作的，并借此为学生学和教师教提供重要教学资源，为人的全面发展作出贡献的全部劳动者的总和，主要包含教科书人力资源数量和教科书人力资源质量两个

方面。

教科书人力资源数量是指一个国家或地区中从事教科书研制和管理工作的人口总数或是其在人口总数中所占的比例，前者表示教科书人力资源的绝对量，后者表示教科书人力资源的相对量。影响教科书人力资源数量的因素主要有人员的总量、人员的年龄构成、教育普及的程度、劳动与工资制度以及教育发展水平等。教科书人力资源质量是指从事教科书研制与管理工作的劳动者创造社会价值的能力。其最直观的表现就是教科书人力资源的体质水平、文化水平、专业技能水平、工作积极程度，往往可以使用卫生健康指标、受教育情况、劳动者的技能等级以及劳动态度指标来衡量。教科书人力资源的质量构成如表5-1所示。

表5-1　教科书人力资源质量构成

质量构成	主要指标	具体指标
体质水平	卫生健康指标	平均寿命
		人均日摄入热量
		发病率
		职业病感染率
文化水平	受教育情况	人均受教育年限
		某种学历人员拥有率
专业技能水平	劳动者的技能等级	技能职称等级结构
		平均技能等级
工作积极程度	劳动态度指标	对工作的满意程度
		对工作的负责程度
		与他人的合作性

与教科书人力资源数量相比，其质量方面显得更为重要。教科书人力资源数量仅能反映从事教科书研制和管理工作的劳动者的规模，而教科书人力资源质量则能明显反映出目前教科书研制和管理工作的效果和质量，越高质量的人力资源越能完成高质量且复杂的劳动。此外，了解教科书人力资源质量能够更好推动教

科书事业的发展，充分发挥不同质量的人力资源的功能，简单的劳动由低质量的教科书人力资源完成，复杂的劳动则由高质量的教科书人力资源从事，有利于高效高质量完成教科书研制和管理工作。

2. 教科书人力资源管理的含义

教科书人力资源管理是指教科书组织团体为满足组织和个人的发展需求，使用现代科学化的管理方法与管理理论，充分发挥教科书人力资源的潜能和主观能动性，对教科书人力资源进行合理配置、有效开发以及科学管理的全部活动过程。

为了更好地理解教科书人力资源管理的内涵，我们可以从以下几个方面进一步分析：第一，教科书人力资源管理目标是促进教科书建设发展和实现教科书人力资源的个人价值，两种目标相互依赖、共生共存。第二，教科书人力资源管理主要包含教科书人力资源规划、劳动人员的招聘与培训、职工薪酬体系的制定以及职工绩效考核等内容。第三，教科书人力资源管理是一种有组织的活动，由管理主体、管理目标以及管理过程组成。

（二）教科书人力资源管理的目标

教科书人力资源管理的目标是指教科书人力资源所必须承担的职责和必须达到的绩效。教科书人力资源管理既要考虑教科书组织整体目标的实现，还要考虑从事教科书相关工作的劳动者个人的发展，强调在实现整体目标的基础上实现个人的潜能发展。主要包括以下几个方面的任务目标：

1. 获取和维护从事教科书相关工作的人力资源；

2. 保持从事教科书相关工作人员队伍的稳定性；

3. 提高教科书相关工作队伍的工作效率和成果绩效；

4. 营造良好的工作氛围，塑造良好的对外形象；

5. 保证相关工作人员得到公平对待、合理评价。

（三）教科书人力资源管理的内容

在教科书人力资源管理活动中，引进人员、留住人员以及激励人员是管理的三大目标，教科书人力资源管理所有的工作都应紧紧围绕这三大目标展开。一般而言，教科书人力资源管理主要包括以下八个方面的内容，如图 5-4 所示。

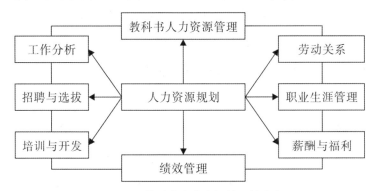

图 5-4 教科书人力资源管理的内容

1. 人力资源规划

教科书人力资源规划是指全面系统分析和确认教科书人力资源需求的过程，用以确保教科书相关工作在需要时能够有规定数量和质量的人员来满足当前工作岗位的需要。在制定教科书人力资源规划时，先要对教科书人力资源的现状和发展趋势进行评估，收集并分析教科书人力资源的供需信息，预测其供求变化。根据实际情况制订教科书人力资源的使用、培养和开发工作计划。

2. 工作分析

工作分析，也可称之为岗位分析或是职位分析，是一种对具体工作或职位进行全面了解的管理活动。工作分析包括收集和分析每个工作和职位的目的、职责或责任、权限、隶属关系、工作条件等其他相关信息，以便对工作作出明确的规定并完成工作所必需的行为和条件。工作分析是进一步进行人力资源管理活动的基础。

3. 招聘与选拔

招聘是指根据劳动力规划和工作分析结果，为教科书工作团队吸引必要的人力资源的过程。招聘主要包含招聘准备、招聘实施以及招聘评估三个环节。选拔是确定求职者是否具有帮助教科书工作团队实现其目标所必需的知识、技能以及其他素养的过程。能否招聘和选拔到适合工作的人员，直接关系到教科书工作团队的生存和发展。

4. 培训与开发

培训是指教科书工作团队为促进工作人员获得与工作相关的知识、技能和行为而进行的有计划的努力。开发是指帮助工作人员获得知识、技能和行为，以提高他们应对现有工作或当前不存在但未来可能出现的工作挑战的能力。为有效提高工作人员的竞争力和适应能力，必须对人员进行培训和开发，使他们准确定位自己的工作职责和角色，使团队人员具备与实现最终目标相匹配的自身素质和职业技能。

5. 绩效管理

绩效管理是指以科学的方法，对教科书团队及其工作人员的整体素质、态度行为以及工作绩效进行综合监测、分析和评价，以实现教科书相关工作的战略发展目标，充分调动教科书工作人员的积极主动性，发挥员工潜能的过程。绩效考核是绩效管理的重要环节，是绩效管理体系运行的重要支点。

6. 薪酬与福利

薪酬是指员工为教科书工作团队提供劳动力而获得的各种货币和实物福利的总和，如工资、奖金、津贴、提成等。薪酬是教科书工作团队吸纳和维持员工努力工作、高效工作的重要手段。福利是指教科书工作团队除工资和奖金外，以实物形式提供给员工的各种补贴以及服务。薪酬与福利管理需要制定合理恰当、有吸引力的工资福利制度，需要综合考虑员工的工作年限、职称、职务及实际表现和工作业绩。

7. 职业生涯管理

职业生涯管理是指教科书工作团队帮助人员制定个人职业规划，并提供监督考察服务，使个人发展和团队发展目标相一致。职业生涯管理也会使工作人员有职业归属感，充分调动工作人员的主观能动性，从而提高工作效率，促进教科书工作团队发展。

8. 劳动关系管理

劳动关系管理主要包括建立和维持健康的工作关系，营造管理层与普通职工相互尊重、信任的良好工作氛围，人力资源管理涵盖劳动关系的方方面面，如工时、工资、劳动保护、职业安全、劳动争议等。劳动关系管理直接关系到人力资源管理活动的开展效果。

三、人力资源管理理论在教科书管理中的应用

（一）目标管理理论

目标管理理论旨在促使组织中成员共同制定最终目标，实现组织中人力资源的自我控制与自我管理。因为有明确的团队目标作考察标准，组织对员工的奖惩就能够做到更加合理、客观，从而激发人力资源为实现组织共同目标而努力工作的主观能动性。

区别于其他理论，目标管理理论具有以下三个特点：一是提倡参与式管理，其目标是由管理者和管理对象共同商定出来的，目标确立后，管理对象直接对目标负责。二是强调管理对象的自我管理调控能力，目标一旦确立，每个人都需要服务于管理目标，这就需要人力资源对自身进行严格的管理与控制，才能更好地实现共同目标。三是确立的共同目标具备系统性，往往由多级小目标构成，下级目标紧紧围绕着上级目标制定，同级小目标之间也需要积极统筹、协调规划。

目标设定是运用目标管理理论的第一步，目标设定合理科学是顺利进行目标管理的关键因素。教科书管理目标设定需遵循以下原则：

教科书管理目标必须具备可行性。不同的教科书工作组织要根据自身所拥有

的人力资源的实际情况制定工作目标，这样才能保证共同目标具有可操作性和可行性。

教科书管理目标必须具备层次性。教科书管理目标的设定需要明确不同层级的目标，将共同目标拆解成多个小目标，这样能够做到层层管理，与教科书人力资源相互配合，以便更好地完成教科书的研制与管理工作。

教科书管理目标必须具备适当性。共同目标设定得过高或过低都会影响到教科书人力资源工作的积极性。目标过高会抑制教科书工作人员的工作热情，过低则会使工作人员丧失斗志。因此，共同目标应当有相对较高的标准和适度的超前性。

教科书管理目标必须具备整体性和时效性。整体性是指要将设定目标和实现目标看作一个整体，要有大局观；时效性则是指教科书人力资源必须在一定时间内完成设定好的目标。

（二）公平理论

公平理论即社会比较理论，由美国科学家亚当斯提出。公平理论主张当个人取得成就并获得奖励时，他不仅关心奖励的绝对值，还关心奖励的相对值。因此，他会进行多种比较，以确定获得的奖励是否合理，比较的结果直接影响他日后的工作动力，其中主要涉及横向比较和纵向比较。横向比较是把自己的"回报"与"投资"的比值与同组织中的其他人进行比较，只有当比值是相等时，才被认为是公平的；纵向比较是将自己当前的努力与当前的奖励的比值与自己过去的努力与过去的奖励的比值进行比较，只有相同时，才被认为是公平的。

公平理论的应用启示主要有以下三个方面：

1. 扩充"回报"的报酬形式

公平理论中，人力资源的"回报"仅限于奖金、工资等物质酬劳。但在教科书人力资源管理中，其"产出"的界定应当做出拓展性延伸，可以包括以下三种内容：一是精神奖励，精神奖励需与物质奖励相结合，通过新闻媒体等方式对有突出表现的教科书工作者进行荣誉表彰、公开表扬等，以增强他们的社会荣誉感；二是职称或职位晋升，通过提升职称或职位，让教科书工作人员获得满足感与成就感，这也是评估其工作成效的最有效的方式之一；三是时间或假期奖励，从事教科书管理或教科书研制第一线的人员可以得到一定自由支配的时间或放松的时间。

2. 完善教科书人力资源管理体制

公平理论说明，人的工作热情不仅会受到绝对回报的影响，还会受到相对回报的影响。只有让教科书工作者主观上觉得待遇是公平合理的，他们的潜能才能得到充分发挥，才能使教科书工作团队充满活力与生机。教科书管理人员应当完善和细化组织管理体制，贯彻落实公平原则，主要包含以下三方面：一是在保持用人制度合理化的同时，力求公平分工，将岗位、业绩以及贡献有机结合起来，实施有针对性的管理；二是制定科学的评价标准，对绩效进行合理的评定，将奖励和贡献有机结合起来，尽可能做到公平公正；三是建立公平的竞争机制，营造平等的竞争环境，实行"按劳分配"原则，鼓励先进，督促后进，力求充分调动教科书工作人员的工作积极性。

3. 帮助教科书工作人员树立正确的公平意识

公平理论主张个人的不公平感是在与他人的比较之中产生的。其中，选择的比较对象是否恰当直接关系到比较结果和个人心理感受的好坏。只有在同一单位、同一岗位、同等技术水平、同样工作数量和质量等诸多相同条件下，比较才具有恰当性，结果才具备客观公正性。另外，不公平现象存在的原因有很多，个人的不公平感也很难彻底消除，需要帮助教科书工作人员认识到没有绝对的公平，只有相对的公平，树立正确的公平意识，正确认识不公平现象。

（三）期望理论

期望理论，也称"效价—手段—期望理论"，由北美心理学家、科学家维克托·弗鲁姆提出。期望理论是在以下两个前提下展开的：一是人们主观地确定各种行动的期望结果，从而使每个人都更喜欢自身期望的结果；二是对行为激励的任何解释不仅应考虑人们想要实现的目标，还应考虑人们为实现其期望的结果而采取的行动。

在任何组织中，成员都会比较关注以下三个方面：如果我努力工作，我能否达到组织所要求的工作绩效水平；如果我试图达到这个水平，组织会给我怎样的奖励；这种奖励是否为我迫切想要的东西，我的感想如何。换言之，成员会关心"努力—绩效""绩效—奖励""奖励—个人目标"这三大关系，用公式表示为：激励力量（M）＝效价（V）×期望值（E）。

期望理论指出在进行教科书人力资源管理时要处理好以下三方面的关系：

1. 处理好努力和绩效之间的关系

教科书工作人员会希望通过自身的努力来达到预期的绩效。当个体主观上认定实现预期绩效的可能性很高，就会激发出自身的工作积极性和最高的工作效率；反之，个体主观上认定实现预期绩效的可能性较低，即使通过努力也很难达成，那么个体将会失去努力的内在动力，直接导致消极怠工。因此，不应给教科书工作人员过高的绩效要求，而应根据实际情况制定标准。

2. 处理好绩效和奖励之间的关系

教科书工作人员同样也希望在达到一定绩效后能够得到相应的回报，即奖励。这个奖励应当包含物质奖励和精神奖励。只有当个体得到相当的奖励，认为其绩效得到了公平的回报，才可能在后续工作中保持较高的工作热情；反之，当个体认为其取得的成果与奖励不成正比时，将失去工作的动力与热情。因此，要建立完善的绩效考评制度，使从业者感受到公平的奖励待遇，进而使其一直保持较高的工作积极性。

3. 处理好奖励和个人目标之间的关系

教科书工作人员总期望自己通过工作得到的回报能够满足自己某些方面的需求。由于不同个体的年龄、资历、经济条件、社会地位等的不同，其需求点以及对同一需求的满足程度也会有所不同。因此，对于不同的个体来讲，采取同样的奖励方式能满足个体的需要程度就会有所区别，能够激发出的工作动力也随之不同。教科书组织需要帮助成员确立合理的个人目标，结合成员的个人目标追求，合理地对奖励方式进行改善，以制定出明确的奖惩制度与措施。

（四）双因素理论

双因素理论，也称激励保健理论，由美国科学家弗雷德里克·赫茨伯格提出。其主要观点为：引发人们工作动机的主要有激励和保健两大因素，激励因素能给人们满足感，而保健因素能消除人们的不满。保健因素是指预防职工产生不满情绪的因素。当保健因素得不到满足，职工可能会产生不满情绪、消极怠工，甚至会导致罢工等对抗行为。但需要指出的是，当保健因素到达一定的满足程度后，再如何努力提升，也很难使员工产生满足感。

利用激励因素提高教科书工作人员的工作热情，满足其自我发展需求。教科书工作人员一般知识水平较高，精神需求也相对较高，渴望在教科书工作中获取成就感，以实现自我发展。教科书管理者应当满足组织成员渴望受到尊重的需要，使用激励因素来发掘、利用成员的潜能，为组织成员自我提升提供相关支持培训服务。使用保健因素为教科书工作人员营造良好的工作环境。当正常工作所要求的工作和生活环境因素得不到满足时，就会产生严重的不满情绪，消除教科书工作人员的不满需创造良好工作与生活环境，如秉持"以人为本"的管理理念；工作设备设施要满足科研工作需要；强化管理者的服务意识，淡化管理意识等。

（五）需求层次理论

需求层次理论由美国心理学家亚伯拉罕·马斯洛提出。理论指出，人类的价值体系中有两种不同类型的需求：一种是人的本能或冲动，是沿着生物谱系上升而不断减弱的，即生理需求，也称低级需求；另一种是人的潜力或需求，是随着生物进化而逐渐出现的，即高级需求。马斯洛将人的需求又具体分为生理、安全、爱与归属、尊重、认知、审美以及自我实现等七类，程度和层次由低向高递进，前四类属于低层次需求，后三类属于高层次需求。一旦低层次需求得到满足，其激励作用便会降低并失去主导地位，取而代之的则是人的高层次需求。换言之，就是指人的有些需求一旦得到满足，就不再是激励人们行为的原因，就会被其他需求取代，这就意味着高层次需求比低层次需求更具有价值。人的热情是由高层次需求驱动的，人的最高需求是自我实现，即尽可能以最完整、最有效的方式展现自己的潜能。

根据需求层次理论，针对个体低层次需求，教科书人力资源管理应当注意以下三点：

1. 合理安排时间和薪酬分配

剥夺自由时间会严重影响组织成员的工作效率和积极性，甚至可能引发其负面情绪。教科书管理者应当合理安排成员的工作时间，减少不必要的加班，注重提高成员的工作效率。此外，工资是满足成员生理需求最基本的保障。教科书管理者应适当提升激励性奖金的份额，将薪酬与工作绩效直接挂钩，使现有薪酬制度能充分体现效率优先、公平公正的原则，力求最大化激发成员的工作积极性，最大程度实现成员目标与团体目标。

2. 建立完善的社会保障制度

为教科书工作人员提供全面完善的社会保障服务，用以满足其安全需要。教科书人力资源会面对疾病、失业、年老、死亡等各种风险，单单依靠自身和家庭的力量很难满足安全需求。教科书组织机构应当建立完善的社会保障制度，使成员能够维持基本的生活，帮助他们摆脱后顾之忧，全身心地投入到工作之中。通过建立完善的社会保障制度，将组织机构内部的不稳定因素全部排除，这能明显提高教科书人力资源的工作效率，保持集体与社会的和谐。

3. 打造和谐的组织文化

从事教科书工作的组织机构应当不断加强自身文化建设，倡导积极的价值观，帮助教科书人力资源树立社会使命感，营造出为实现其教育使命而努力奋斗的良好工作氛围。同时也要协调好成员之间的关系，帮助他们互相理解和合作成长，确保教科书人力资源间的化学反应良好，为组织机构创造更大的效益，最终满足教科书人力资源对爱与归属的需求。

此外，针对个体高层次需求，教科书人力资源管理应当注意以下两点：一是鼓励教科书人力资源发挥个性。每个个体都有其独特性，都有自身的特性与特长。从事教科书工作的组织机构要帮助和鼓励成员最大限度地发挥自身的优势，这样才能在最短时间内取得最高的绩效和效率，才能有效提高成员的工作兴趣和积极性，进而促进成员工作效率，达到个体和团体双赢。二是鼓励教科书人力资源参与管理。拓宽教科书人力资源参与组织管理的渠道，为其创造和提供参与组织机构管理的机会。这是调动教科书人力资源工作积极性，增强其认同感与归属感，满足其自我实现最有效的途径。给予成员更大的自主空间，让他们产生荣誉感和归属感，更加积极主动地为教科书事业添砖加瓦，为实现教科书建设目标加倍努力。

第二节　教科书研制者的素质要求

素质这一概念一直不断进行着发展和扩充。起初，素质是指人类先天的解剖和生理特征，尤其是指神经系统和感觉器官方面的特点。目前，素质的概念界定已经远远超过了最初的范畴。广义的素质概念是指研究对象（包含人）的整体功能水平，即其系统结构的状态特征。一个人的素质主要由其心理要素、物质要素、知识要素以及它们之间的系统结构状态决定。教科书研制工作是为教育教学直接服务的，高质量的教科书是培养高质量人才的基本保障。随着教科书越来越被重视，教科书研制者在教科书建设中发挥着越来越重要的作用。基于教科书研制工作的重要性，教科书研制者应具备以下基本素质，才能更好地完成自身工作任务。

一、思想政治素质要求

对教科书研制者素质的首要要求就是具有较高的思想政治素质。教科书研制人员的思想政治素质要求主要表现为坚定的政治立场和较高的政策水平、较强的工作责任心和敬业精神、严谨的工作作风。

（一）坚定的政治立场和较高的政策水平

教科书体现的是国家意志，教科书研制者必须自觉加强学习政治理论，将国家教育方针内化于心，时刻保持政治敏锐度。在教科书研制中要始终保持坚定的政治立场，避免教科书出现政治问题，对教科书中可能涉及的意识形态、民族文化、宗教等方面的内容，进行妥善处理，避免对学生成长发展造成不良影响。

国家教育法律是教育工作顺利开展的保障，教科书研制者必须认识到相关法律在教科书编写中的重要性，要学法、懂法，用法律法规规范教科书研制工作。教科书研制者要注重从上级文件中领会党和国家的教育方针与相关政策，熟知国家的教育方针、政策，了解目前各级各类教育的状况和教育改革发展的趋势，了解并熟识现代教育理论、课程计划以及各学科的课程标准，认同并内化国家课程改革的基本理念和整体思路。同时，教科书研制者必须时刻关注有关教科书的管理办法与规定，要根据政策、管理规定的变化及时修订教科书，策划新的教科书选题，规范教科书的组稿、编写、审读以及出版审查等流程。近年来数字教科书盛行，数字形态的教科书内容已经成为教科书不可或缺的组成部分，数字产品的文字、视频、音频、图片等很容易成为教科书研制者审读过程中政治把关的盲区，教科书研制者要严格按照教科书管理规定仔细审读、辨别和使用。

（二）较强的工作责任心和敬业精神

1. 具有较强的使命感和责任心

教科书研制者要对教科书的编写工作发自内心地喜爱，才能有工作自觉性和责任心。有了较强的工作责任心，教科书研制者才能充分发挥自身才能，保证教科书的质量。教科书的服务对象是学生，关系着青少年的成长，关系着国家的未来，教科书建设是立德树人的关键。教科书应当具有正面的导向作用，帮助学生树立正确的世界观、人生观以及价值观。这就要求教科书研制者应当具有高度的社会责任感和工作责任心，时刻牢记自身的使命和担当，保持高度的政治敏锐度，充分发挥教科书的德育功能，加强对习近平新时代中国特色社会主义思想、传统文化、社会主义核心价值观、民族精神、革命精神以及爱国精神的传播。

因为教科书的受众面广泛，教科书中出现任何的错误都可能造成极其严重的负面影响，所以教科书研制者在研制教科书时必须时刻保持认真严谨的工作态度，一丝不苟地完成教科书编辑出版工作。这也是教科书研制者必须具备的首要素质。此外，教科书研制者还应将社会效益放在首位，不能为了单方面追求经济效益而忽视社会效益，从而降低教科书的整体质量。

2. 具有爱岗敬业精神

爱岗敬业精神是指人们为了实现自身崇高理想而致力于特定事业的责任感与决心。热爱本职工作体现着集体主义精神和为人民服务的精神，是社会主义职业道德基本准则的基础。同样，爱岗敬业精神也是做好教科书研制工作的思想基础，是衡量教科书研制者工作责任心的重要指标。若教科书研制者不热爱自己的工作，就不可能对工作产生热情。教科书研制者只有坚持不懈地追求本职工作，才能够保持积极向上的工作热情，将教科书研制工作视为党和人民的沟通纽带，恪守光荣神圣的工作职责。

（三）严谨的工作作风

教科书研制者必须具备严谨的工作作风。教科书有着强烈的规范性与导向性，教科书的阅读群体又极广，教科书对学生提高知识技能水平，培养正确的价值观念，养成积极向上的情感有着重要的作用。中小学阶段，学生辨别是非的能力还有待提高，教科书中一段文字、一个公式、一个定理甚至是一个标点符号的使用错误都会对学生的认知能力培养产生巨大的影响。不仅如此，在教科书研制过程中，教科书内容的选择和最终呈现方式也是一个比较重要且复杂的环节，这也是在考验教科书研制者的工作作风。因此，教科书研制者在编写和审查教科书时，要秉持认真严谨的工作作风，不仅要严格把控教科书内容选择的科学性与政治性，确保教科书中不会出现知识性错误或价值观偏差等问题，还要有针对性地对教科书的编写特色、篇章体例以及篇幅等做出深度思考和精心编排，如对教科书体例中导读、引言、插图等内容进行合理安排。以上提及这些都需要教科书研制者认真严肃对待，否则会造成极其严重的社会影响，影响学生的身心发展。

二、文化知识素养要求

（一）文学素养

通常情况下教科书以书面形式呈现，教科书研制者必须具备较高的文学素养和扎实的文字功底。若教科书内容表述不够明确，会直接导致学生接收到的信息不准确，从而造成一系列不良影响。教科书中的语言并非要求辞藻华丽，而是要求避免使用过于专业化的词汇和生僻的辞藻。教科书要尽量深入浅出，用简单的语言解释深刻的内容，不要在词语运用、语法使用上犯错误。教科书研制者还需将不同作者、不同文风、不同表达特色、不同写作手法的稿件，加工成文体统一、通俗易懂、说明性强、生动准确的优质教科书，这本身就是对教科书研制者文学素养的重要考验。

（二）学术素养

教科书研制者"学者化"是推动高质量教科书建设的必然趋势。教科书研制者不仅应当负责沟通联系、组织编写、把关教科书整体政治导向和内容质量，还应当从事有关教育课程研究。人民教育出版社就探索了一条非常具有示范意义的道路，1983 年，经教育部批准成立，课程教材研究所与人民教育出版社合署办公，成为我国第一家专门从事基础教育课程教材研究的学术机构。机构中的教科书研制者熟悉其负责学科领域的专业发展，或主导，或作为核心成员，参与中小学各学科教科书的研究、编写、修订以及培训的全过程。这些教科书研制者不单是教科书的编撰者，还是课程研究专家、教科书研究学者以及教科书培训专家，在教科书研制的各个环节中起到至关重要的作用。

（三）法律素养

教科书建设是一项长期的事业，关乎国家教育大计，关乎人才培养，而且投资力度大，回报周期长。因此，教科书的著作权必须界定清楚，否则会导致一些不必要的版权纠纷，最终可能会影响教科书的使用。大多数的教科书都汇编他人作品，尤其是语文学科。2013 年 10 月，《教科书法定许可使用作品支付报酬办法》发布，明确规定了"法定许可使用"的稿酬标准与支付办法，也明确界定了此种情况的使用前提与范围等，[①] 但稍有不慎教科书研制者就容易陷入版权纠纷中。因此，教科书研制者必须具备良好的法律素养和法治意识，能够熟悉使用相关法律知识，使用法律武器为教科书编写保驾护航。

（四）学科素养

教科书最基本的功能就是向学生传授某一学科的基本知识，因此，教科书必须科学、准确地反映学科知识。这就要求教科书研制者具有扎实的学科专业素养，能够确保其规划、编写和修订的教科书内容体系严谨、完整，正确呈现学科

---

① 国家版权局，国家发展改革委. 教科书法定许可使用作品支付报酬办法［EB/OL］.

基础知识，及时反映学科前沿理论和知识。教科书研制者应当做到以下三点，才能在研制教科书过程中保证教科书内容的科学性与专业性。

第一，教科书研制者要熟悉学科基础知识。教科书研制者要对自己所负责的学科的基本概念、基本范畴、基本原理、基本方法等学科基础知识以及学科发展史十分熟悉，这样才能在编辑时作出迅速且准确的判断，及时发现书稿中的知识性错误，确保教科书内容的正确性。第二，教科书研制者要了解学科前沿理论和研究最新动态。教科书除了体现学科基础知识外，还需要具有一定的新意，教科书内容需要与时俱进，反映学科的前沿理论和最新动态。这便要求教科书研制者时时关注学科的最新研究成果，多参加学术会议，多阅读专业期刊，紧跟学科热点问题。第三，教科书研制者需具备一定的跨学科知识。随着进一步深化改革，在继承与借鉴的基础上，教科书研制者要更新教育理念，着力发展学生核心素养。教科书研制者不仅应掌握本学科的有关知识，还应拓展自身知识面，掌握一定的跨学科知识，丰富自身知识体系，形成学科综合素养，才能在教科书研制工作中有所作为，保障教科书的编审质量。

（五）教育理论素养

教育理论素养是教科书研制者必须具备的基本素养，对教科书编写工作具有一定的指导作用。教科书研制者要结合自身工作需要，自觉学习和应用教育理论知识，使教科书充分体现教育理论发展的新方向。

第一，教科书研制者要具有先进的教育理念。只有具备先进的教育理念，教科书研制者编写的教科书才能更加符合时代的需要，使教师愿意教、学生愿意学，真正实现教科书的教学性价值。如果教科书研制者对教科书的认识还停留在教科书只是知识的纸质载体，那么就很难契合素质教育的要求，不利于发挥学生的主体作用，教科书将会很快失去生命力。第二，教科书研制者要了解教育规律和学生的认知规律。教育有其自身特有的规律，而学生也有着自身的认知规律，教科书是为教育服务的，自然也要符合教育规律和学生的认知规律。因此，教科书研制者应当对这些规律有一定的了解，以使编写出版的教科书能够较好地满足教育教学的需要，符合目标学生的认知特点。第三，教科书研制者要熟悉学科课程标准，理解编写要求。教科书研制者应当熟悉相关学科的课程标准，从知识、技能、情感和价值观等方面理解教科书所要达成的目标，梳理教科书的编写思路，更加准确地把握教科书知识框架、内容的广度与深度、理论与实践的结合程度等。第四，教科书研制者需要熟悉一线教学情况，了解教学需要。教科书要通过教师的课堂教学才能发挥作用，因此教科书必须具有教学性。为了提高教科书的可教性，教科书研制者必须熟悉一线教学情况，切实了解课堂中师生的真实需求。只有做到这样，才能编写高质量的教科书。对此，教科书研制者应时常深入课堂，与师生交流，了解师生的真实需求，有针对性地研制出符合学生学习特点和教师教学要求的教科书。教科书研制者还应展开教科书实验，在教学实践中找出不适合课堂教学的内容，及时对教科书内容进行调整。

三、工作能力要求

（一）组织协调能力和服务意识

研制教科书是一项工作繁杂、环节众多的系统工程，涉及立项、编写、送审、印刷、发行以及培训等多个环节。教科书研制者需具备较强的组织沟通与协调能力，能够处理好与教育行政部门、学科专业人士、学校、教师等多方面的关系。教科书研制者不仅要高质量完成教科书编写工作，还要做好后期的学术科研保障；关注教科书读者的使用反馈，尤其是广大师生的使用反馈；做好编读互动，做好教科书的宣传工作，及时改正教科书的错误。这些都要求教科书研制者必须具备良好的组织协调能力。

（二）统筹沟通能力

教科书从编写到出版往往不是一个作者或是编辑完成的，而是需要一个团队进行协作，这个团队包括专家学者、社会知名人士、专业图书编辑、教研员、教学一线优秀教师等。因此，教科书研制者需要有较强的统筹沟通能力。其统筹沟通能力主要运用于以下三个方面。

一是与不同教科书研制人员就教科书内容进行沟通，确保教科书在前期调研、规划与编写过程中不偏离正确的政治导向，符合国家教育方针和课程标准，适应学生的学习方法，确保教科书内容具有政治性、科学性以及教学实用性。二是与其他教科书研制者、出版人员就整个教科书编写进度进行沟通，由于教科书必须"课前到书"的时间要求，教科书研制者应随时与教育行政部门沟通教科书文稿的编写进度。与此同时，还必须与美编、排版等工作人员及时沟通，商定教科书的版式和制作时间，确保教科书能够按计划如期出版。三是在教科书的投入使用阶段，教科书研制者还应做好一线教师的培训工作，精准有效传达教科书的编写理念，介绍教科书的编写特色。教科书研制者要及时收集和分析读者对教科书内容的疑惑，以便及时展开教科书修订工作，使教科书能够更加贴合教学目的。

在整个研制过程中，教科书研制者要具备有效沟通和统筹规划的能力，调动各方资源，协调各方意见。

（三）逻辑思维能力

教科书的编写框架与课程标准学段是否吻合？课程标准要求的知识点有没有落实到教科书的实际编写中？教科书的知识呈现是否科学严谨？教科书单元设计思路是怎样的？教科书的栏目设置是否合理？教科书使用的语言是否契合相应年级学生的接受能力？教科书内容涉及的知识点是否准确？教科书使用的插图与文字内容是否一致？教科书具体的语言表述是否规范准确？教科书研制者只有不断地抛出问题，验证问题，解决问题，反复打磨，才能研制出优秀的教科书。教科书研制者要善于发现问题，除了积累教科书研制经验，更要注重提升自身的逻辑思维能力。教科书研制者如果逻辑不够清晰，就很难具备深度思考能力和敏锐的问题意识，也就很难发现教科书中存在的问题。

（四）信息技术能力

在传统出版时代，教科书研制者在策划、编写时只需要考虑纸质形态的教科书，但随着现代信息技术的迅猛发展，数字技术已渗透到教育出版的方方面面，网络化与数字化是现代教育出版不可逆转的大趋势。教科书研制者应该与时俱进，提升自身数字化意识和能力，密切关注数字技术发展新动向，密切关注国内外数字化教育新成果，将信息技术融入教科书编写和出版实践中。教科书研制者要能够充分发挥信息技术带来的网络化优势，根据不同学科的知识特点和教学要求，充分利用数字化技术，整合教科书编写出版形式，打造出符合未来教育需求的数字教科书。

数字教科书能够很好地弥补纸质教科书的不足，两者结合形成优势互补，给教科书研制提供了灵活空间。教科书研制者在编写教科书时要有融媒体意识，充分考虑不同形式的教科书对知识传授的不同效果，充分利用信息化的技术理念，统筹安排教科书内容，创新教科书的策划编写，最大程度发挥教科书的价值，满足教育教学需要。

第三节　教科书管理者的素质要求

管理是一种客观职能，是一门科学、一项要完成的任务，而管理者则是实践这门科学、执行这种职能并完成这种任务的职业人员。[①] 建设高水平的教科书管理团队，需要提高教科书管理者的素质。教科书管理是教育管理和学校教学管理

---

① 彼得·德鲁克. 管理使命、责任、实务：使命篇[M]. 王永贵，译. 北京：机械工业出版社，2006：6.

的重要组成部分，管理人员的素质直接影响着整个教育教学的工作效率。教科书管理看似简单，实则与教学紧密相连，其中部分工作需要劳动力操作，但一般要求教科书管理者熟悉教学规律，做到管理科学化。教科书管理工作具有时间性（即课前教科书的准备与发放）、周期性（如预订每年春秋两季教科书和发放面授活动的教科书等）、繁重性（涉及教科书采购、搬运、整理、寄发等劳动密集型工作）、交流性（需要与各级各类学校相关部门及人员进行沟通）以及烦琐性（教科书管理工作比较琐碎）等特点。基于教科书管理工作的特点，教科书管理者应具备以下基本素质，才能更好地完成自身工作任务。

一、思想政治素质要求

成为教科书管理者的首要条件是具备良好的思想政治素质。教科书管理人员的思想政治素质要求主要表现为较高的政治思想觉悟和坚定的政治立场、较高的职业道德和工作责任感、良好的思想工作作风。

（一）较高的政治思想觉悟和坚定的政治立场

1. 具有马克思列宁主义理论知识基础

教科书管理者要具有良好的马克思列宁主义理论知识基础，能够使用辩证唯物主义的立场、观点以及方法分析和解决问题。马克思列宁主义理论作为科学的方法论与认识论，是从事教科书管理工作的核心指导思想，也是做好教科书管理工作的基石。因此，教科书管理者必须掌握马克思列宁主义理论，树立正确的历史唯物主义和辩证唯物主义的世界观，并将其作为教科书管理工作最重要的指导思想。

2. 树立坚定的政治立场

立场是指个人在观察与解决问题时的基本态度和阵地。政治立场是指个人的政治态度。教科书管理者必须心系国家发展，关心国家大事，掌握各个时期党和政府的路线、方针、政策。教科书管理者要坚定党的信念，树立正确的世界观和人生观。

3. 具有较高的政治水平

党和国家的各项方针政策是指导教科书管理工作的重要依据，教科书管理者要加强政治学习，提高自身政治思想水平。结合教科书管理，学习领会党和国家的相关方针政策，积极参与政治学习、看书读报等各项活动，通过不断学习，提高自身的政治思想水平和贯彻落实党的方针政策的自觉性。

（二）较高的职业道德和工作责任感

1. 具有较高的职业道德

较高的职业道德是做好教科书管理工作的前提。教科书管理工作直接为教育教学工作服务，因此教科书管理者必须具有崇高的职业道德感，树立全心全意为教科书建设服务的意识，要有认真勤奋的工作态度、积极进取的精神、终身学习的理念以及无私奉献的牺牲精神，做到尽职尽责。

2. 具有强烈的工作责任感

教科书管理是教育管理的重要组成部分，由此产生的任何问题都将直接影响教育教学活动的开展，如教科书订购环节错订或是漏订，都将导致学生无教科书使用而直接影响教学质量。这就要求教科书管理者在订购、汇总以及审核工作计划时，要有强烈的工作责任感。强烈的工作责任感是做好每一项工作的动力。教科书管理者的工作责任感具体表现在对教科书事业的坚定信念和崇高理想上。只有具有强烈工作责任感的教科书管理者，才能认真细致地完成每一环节的教科书管理工作，尽量做到零失误。

（三）良好的思想工作作风

1. 实事求是的工作作风

实事求是的作风是指真实反映客观事物的本色，是教科书管理者应遵循的重要原则之一。坚持实事求是的作风，要求教科书管理者在处理实际问题时，立足于实际情况，理论联系实际，善于将政策文件与具体实践结合，客观分析工作情况，不主观武断。遇到问题，不夸大、不缩小、不退缩，不掩盖问题，不做表面功夫，深入一线，抵制主观主义、形式主义、官僚主义。勇于面对工作中的事物，勇于改正错误，认真对待工作。

2. 善于团结同志的工作作风

教科书的管理工作需要靠全体教科书管理人员承担，因此，在工作中团结广大教科书管理人员显得尤为重要。在进行教科书预订、分发等管理工作时，由于个体对问题的理解不同，有不同的观点和分歧也是很正常的。对此，教科书管理者应勇于承担责任，敢于面对分歧，敢于批评和纠正原则问题。而对于非原则问题要相互体谅、相互理解，这是教科书管理者做好本职工作、切实解决实际问题的基本原则与方法。

3. 高效率的工作作风

教科书管理贯穿教科书工作的各个环节之中，而教科书管理最重要的就是效率。教科书管理工作能否有效地适应满足教育教学的需要，取决于教科书是否在课前按照计划交付给学生，若未按时交付，就会给教学活动带来不必要的损失，从而影响学生的学习。从这个意义上说，教科书管理工作的价值就是通过效率和效果来体现的，因此，教科书管理者必须贯彻及时高效的工作理念，把握时间，提高效率，确保课前学生手中有教科书。

4. 按章办事的工作作风

规章制度是管理人员执行工作任务的重要依据，因此，管理者应当坚持按章办事的原则。同样，教科书管理部门为了做好相关管理工作，要建立健全相应的教科书管理规章制度，教科书管理者必须认真执行贯彻这些规章制度，坚持原则，按规章办事。

二、文化知识素养要求

丰富的文化知识储备是教科书管理者的必需条件，是指导其完成各项管理工作的基础。教科书管理者必须掌握广泛的政治理论知识、文化知识以及专业知识，才能够胜任工作，创造更多的社会价值。

（一）政治理论知识

政治理论主要是指马克思主义哲学、科学社会主义、政治经济学、中国共产党的历史以及有关政策法规的基本知识。其中，还应当包含党和国家的各项方针政策、法律法规，上级领导机关制定的具体政策、法规、条例、条令以及制度等。只有牢牢掌握了这些政治理论知识，才能正确领会、贯彻落实党和国家的教育路线、教育方针、法律、法规和规章。教科书管理者应当树立终身学习的理念，不断吸收新的知识，适时完善自身知识结构，提高自身政治理论素养和政策水平。

（二）文化知识

文化知识主要指社会文化常识和文化基础知识两大方面。文化知识是进一步学习其他知识和做好工作所必须掌握的基本知识，是掌握现代管理理念、做好教科书管理工作的基本条件。若教科书管理者文化知识欠缺，会严重影响管理工作的质量与管理目的。对于教科书管理者而言，文化基础知识掌握得越扎实，社会文化常识越广博，其工作质量就越高，为社会创造的效益就越大。

（三）专业知识

专业知识是教科书管理者知识体系中最重要的组成部分，是提升教科书管理专业能力的最主要的知识基础。教科书管理者的专业知识主要包括：

1. 岗位知识

岗位知识是指个体在从事岗位相关工作时所需具备的专业知识。例如，教科书管理者应具备教科书管理知识和教科书编辑出版知识，包括但不限于审查教科书预订计划、检查订购的教科书是否存在错订、遗漏等。一般而言，不同学科、不同层次的教学工作所需要的教科书种类、版本等是不一样的，作为教科书管理人员，必须掌握岗位的专业知识，不断学习，熟练把握不同层次、不同学科的教学计划、课程安排、课程计划等，才能胜任教科书管理工作。

2. 相关学科知识

教科书管理者直接服务于教育教学工作，因此，除了掌握以上提及的各项知识外，还应当对管理活动所涉及的相关知识领域有所了解，如教育学、教育行政学、教育管理学等。教科书管理者要在熟识岗位专业知识的基础上，不断拓宽自身知识面，掌握基本教育规律，熟知教学环节，力求成为教科书管理工作的"专家"，不断学习人文社科知识，不断学习掌握教育管理方面的规律与知识，进一步保证高效高质完成管理工作。

3. 现代科学技术知识

要建立高素质的教科书管理团队，首先就要更新管理理念，重视教科书管理，以适应科技飞速发展的大环境。教科书管理是以现代管理理论为基础的应用科学，管理内容涉及广泛，其中计算机技术是不可或缺的知识。随着科技水平的提高，使用计算机进行信息管理和数据处理，提升管理工作的自动化水平，已成为国家行政机关、企事业单位的趋势。因此，教科书管理者要学习现代科学技术知识，熟练使用计算机，会正确使用信息传输技术、反馈技术，建立有效的信息管理网络，让教科书管理工作趋于规范化和科学化，提高教科书管理工作的管理水平和工作效率。

三、能力素质要求

（一）管理能力

管理能力是指管理者在从事管理活动时表现出的能力。它是管理者政治素养和文化知识的综合展现，是实现管理目标的基础，与个人的社会经验、社会环境和个人努力息息相关，直接反映教科书管理者的管理水平。

首先，教科书管理者要转变自身的管理观念，改变被动等待上级或相关部门下达的教科书征订命令来了解和掌握教科书发放信息的局面，转而树立信息观念，提高信息管理意识，运用信息论方法管理教科书。教科书管理者必须积极收集和了解教科书信息，构建教科书信息网络。这种教科书信息网络形式表现为部门之间或相关职工之间的信息交流关系。具有信息反馈的沟通渠道能够有效帮助教科书管理活动，例如，通过使用主体（师生）的反馈选择合适的教科书，通过学校、教务处等消费机构了解实际需求信息。

其次，教科书管理者应养成善于积累信息资料的良好工作习惯，注意将获得的教科书信息（包括名称、编著者、使用年级、出版社、出版时间、购书方式以及使用反馈等信息）记录下来。比如，将使用价值高、质量好的教科书记录在案，以免教科书使用完后随时间推移而被遗忘。

教科书管理者必须提高自身管理意识。教科书管理是一个动态管理系统，招生计划与实际招生数的差异矛盾、教科书出版印刷能否按计划进行、预订教科书能否按时到达等变化都与能否实现教科书管理目标息息相关。教科书管理者要完善信息沟通交流渠道，及时获取原始信息，掌握招生人数变化，及时调整和确定教科书数量，善于从过往工作中总结规律，提高工作效率。此外，教科书管理者应当及时改进自身管理手段，在教科书数量、质量、适用性、价格、保管与供应管理方面学会使用科学化管理手段。

（二）计划决策能力

计划决策能力是指教科书管理者在管理活动中的决策行为，是提出计划和方案等能力的体现。宏观的教科书管理者需要制订教科书建设的工作方针及相关政策计划，提出教科书建设的长期目标，这就要求教科书管理者必须具有较强的政策理论水平和计划决策能力。[①]

教科书管理者的计划决策能力主要体现在以下两个方面：一是观察事物、认

---

① 曾天山. 教材论[M]. 北京：人民教育出版社，2019：199.

真思考和全面分析问题的能力。教科书管理者要拓宽教科书使用信息渠道，掌握教科书工作的信息源，为开展后续工作打下坚实基础；要不断积累工作经验，总结工作规律；善于观察，倾听群众的反馈意见，了解问题的原因，及时作出判断，提出决策方案。二是善于针对问题本质提出解决方案的能力。教科书管理者要及时关注管理过程中的特殊情况，分析存在的问题，采取应对措施，提出补救方案。

（三）组织协调能力

微观的教科书管理者的工作重心是贯彻落实上级有关教科书建设的方针、政策以及相关规定，组织完成教科书规划任务以及实施本校或本机构教科书建设的计划，做好教科书的选用、采购以及供应工作，因此教科书管理者必须具有较强的组织纪律观念和组织协调能力。[①] 组织协调能力是指实施决策计划和实现决策目标所必需的能力，主要包括组织物质资源、人力资源、财力资源和安排工作程序。教科书管理者必须协调好人力资源、监管控制好资产。每一项管理工作的完成，都需要组织内各部门、各系统、各相关工作人员的共同努力，如组织分发学生教科书活动。每学期初是学生领取教科书的高峰期，这就要求教科书管理机构与教学单位做好沟通，教科书管理者要根据教学计划安排好发放教科书前的准备工作，教务处要提前告知教师、学生课代表等相关人员领取教科书的具体时间、地点，以便共同高效地完成教科书的发放工作。

（四）实际操作能力

教科书管理者的实际操作能力主要包含以下四个方面：

1. 文字表达能力

教科书管理者应当具备一定水平的文字表达能力，如需要预订教科书时，通过书面提出要求或意见；与相关单位联系，以便了解教科书的出版发行情况以及

---

①　曾天山. 教材论[M]. 北京：人民教育出版社，2019：199.

订购方式；制定教科书领用、教科书预订、教科书选用、教科书库房管理等管理办法等。此外，从事教科书管理工作时常会受到时间、地点等因素的制约，要用文字表达代替口头沟通，而且文字表达较口头表达具有不易忘记、便于实际操作、宣传的优点。因此，教科书管理者应当不断学习，努力提高文字表达能力，促进各项管理工作的顺利进行。

2. 沟通交流能力

教科书管理者的沟通交流能力直接影响到所要解决问题的效果。良好的沟通交流能力有助于教科书管理工作的有效开展，事半功倍。比如，教科书管理者因预订教科书，需要与相关单位联系时，需用简明扼要的语言表达出自己的要求；或因教学急需，需要向友邻单位借用教科书时，需态度诚恳、把握分寸、简洁表达，说明借用原因、目的以及归还期限等；或因工作需要，需要向有关人员传达工作任务、协商问题时，需言简意明、措辞有分寸、态度谦和，要以解决问题为目的，便于对方接受为原则。

教科书管理者在参与社会活动中，沟通交流能力是人际交往、工作联系、谈判和解决问题、总结经验、交流思想等不可或缺的重要手段。要做到不求全责备、不藐视沟通对象，态度谦和、礼貌待人。为此，教科书管理者要不断学习，努力提高自身沟通交流能力，借此提高管理工作质量与效率，提高自身社会价值。

3. 事务处理能力

教科书管理者独立处理事务的能力直接影响工作效率。独立处理事务能力强的人效率更高，成功概率更大；相反，工作效率将很低，甚至不可能完成工作任务。比如，教科书管理者的一项重要工作就是完成教科书的预订和供应，一般工作人员只要在不违背有关政策的情况下，均能完成此项本职工作，但完成任务的速度、质量与教科书管理者的事务处理能力息息相关。教科书管理者要充分发挥个体主观能动性，提高自身应急反应能力。

4. 社会交往能力

社会交往是指人们在社会活动中所进行的互动。社会交往主要有个人需求与工作需求两种。个人需求是指个人为了实现个人理想而进行的必要的沟通活动，而工作需求则是指由于雇佣关系而必须进行的沟通活动，以便建立正常的同事关系，为后续工作奠定坚实的基础。教科书管理者的社会交往能力直接影响教科书工作的效率和质量。因此，教科书管理者要积极参加组织活动，不断丰富自己的社会交往知识，根据工作条件和工作关系广交好友，建立教科书信息网络，在实际生活中注重锻炼和提高社会交往能力，为开展教科书管理工作做好充分准备。

第六章

教科书管理的基本经验与发展趋势

教科书管理是一种过程管理，涵盖教科书从研制到使用的全过程，其中教科书的编写、审查、出版、印刷、发行、供应与选用等一系列环节是一个相互联系的整体。作为基础教育课程改革的重要一环，世界各国教科书管理正面临着新的变革。本章总结教科书管理的主要经验，认清教科书管理面临的时代挑战，在此基础上，系统分析教科书管理的发展趋势，旨在更好地利用中国特色社会主义制度优势，探索新时期教科书建设的中国方案。

第一节　教科书管理的基本经验

教科书关涉一个国家培养什么样的人的重大问题，在教育系统中一直发挥着重要作用。正是教科书所特有的价值与功能，才使其成为世界各国重点关注和建设的教育领域。

一、中国教科书管理的基本经验

1949 年以来，党和政府高度重视教科书管理工作。经过长期努力，我国逐步建立起适应国家发展和人才培养的具有中国特色的教科书管理体制。长期的教科书建设经验，总结出必须坚持党管教科书的原则，且在实践中不断落实与完善，创生出以党管教科书为基础的管理体系。①

（一）坚持中国共产党的全面领导，注重顶层设计

办好中国事情，关键在中国共产党的领导。中国特色社会主义最本质的特征是中国共产党领导，中国特色社会主义制度的最大优势是中国共产党领导。长期的实践证明，坚持党的全面领导是我国教科书建设事业不断发展的根本保证。高质量的教科书发展必须坚持党对教科书建设的全面领导。这是历史的经验总结，也是教科书建设的本质要求。坚持党的全面领导，就是要坚持党对教科书从启动编写到发行以及最终使用等一切方面与一切过程的领导。②

1. 党和国家领导人的高度重视

坚持党对教科书建设的全面领导，是中国共产党的初心，是党在成立之初即有的清晰认识。1921 年《中国共产党第一个决议》即确定了党要领导和管理一切出版物的原则。教科书作为重要的出版物之一，必然成为党领导和管理的重点。1950 年 12 月，毛泽东亲笔为人民教育出版社题写社名，这是他题写的唯一一家出版社。1983 年 7 月，邓小平在百忙之中亲自为教育部"课程教材研究所"题名，这是邓小平唯一一次为教育研究机构题名。

党的十八大以来，党领导教科书建设开启了新纪元。以习近平同志为核心的党中央对教科书建设的重视达到前所未有的高度，并多次作出重要指示，教科书建设被视为"国家事权"③。这是习近平总书记立足于中国国情与发展实际，着眼于建设教育强国、加快教育现代化、办好人民满意的教育，把握教育规律和人才培养规律，在总结经验的基础上作出的科学判断，深刻揭示了教科书建设的本

---

① 石鸥，刘艳琳. 中国共产党百年中小学教材建设的中国智慧［J］. 教育学报，2021（5）：73-86.
② 石鸥，张文. 中国共产党百年教科书建设的基本经验与时代挑战［J］. 教育科学，2021（4）：1-9.
③ 郑富芝. 尺寸教材 悠悠国事：全面落实教材建设国家事权［J］. 人民教育，2020（3-4）：6-9.

质特征。坚持党的全面领导，旨在通过教科书培养堪当民族复兴大任的时代新人，引导他们认同并拥护中国共产党领导和社会主义制度，立志为中国特色社会主义事业奋斗，成为中国特色社会主义事业合格建设者和可靠接班人。

2. 建立最高层级的领导与研究机构

为贯彻落实中共中央办公厅、国务院办公厅印发的《关于加强和改进新形势下大中小学教材建设的意见》，进一步做好教科书管理工作，教育部于 2017 年 3 月成立教材局，国务院于 7 月成立国家教材委员会。这是新中国成立以来首次成立国家教材委员会，主任由国务院副总理担任，副主任由教育部部长和中央宣传部副部长担任，成员由各领域资深专家和有关部门负责同志组成。其主要职责是指导和统筹全国的教材工作，研究审议教材建设规划和重大问题，审查国家课程设置和课程标准制定以及意识形态属性较强的国家规划教材。2018 年 5 月，教育部成立课程教材研究所，是国家级高水平课程教材专业研究平台，承担国家教材委员会专家委员会秘书处工作。这一系列重要举措，完成了中国教科书管理机构的顶层设计，初步形成了覆盖各级各类教科书的管理制度体系，将中国教科书管理推上了一个更高的层级，体现了党和国家对教科书建设的高度重视，标志着中国教科书建设进入一个新的历史阶段，正式开启了新时代独具中国特色的教科书制度体系。

3. 顶层设计指明方向

为切实加强党对教科书工作的全面领导，加强顶层设计，提高教科书建设科学化、规范化水平，2019 年底，国家教材委员会印发《全国大中小学教材建设规划（2019—2022 年)》（以下简称《规划》），教育部印发《中小学教材管理办法》（以下简称《管理办法》)、《职业院校教材管理办法》《普通高等学校教材管理办法》《学校选用境外教材管理办法》。《规划》以马克思主义为指导，将习近平新时代中国特色社会主义思想特别是关于教科书建设的重要论述贯穿始终，全面总结了改革开放以来特别是党的十八大以来中国大中小学教科书建设取得的成绩，针对教科书建设整体规划不够、顶层设计不足等问题，提出了推进大中小学教科书建设的指导思想、基本原则、建设目标、重点任务和保障举措等。《管理办法》以中央关于加强和改进大中小学教材建设的精神为指导，进一步健全制度机制，加强中小学教科书规范管理，是新时代中国教科书管理重要的制度性文件和基本依据。

《管理办法》政策导向鲜明突出，更加突出党对教材工作的领导，落实教材建设国家事权，遵循"一个坚持、五个体现"的总体要求。一是政策依据方面。深入贯彻落实中共中央办公厅、国务院办公厅印发的《关于加强和改进新形势下大中小学教材建设的意见》，突出强调党对教科书建设工作的领导，以及教材建设国家事权的定位。二是教材内涵方面。《管理办法》不仅明确了国家、地方课程教材的管理规范，而且对校本课程教材、各类专题教育教材和读本的管理提出了明确管理原则。三是编写体制方面。《管理办法》取消了个人编写中小学教科书的资格，规定教科书编写实行单位编写制，并对意识形态属性较强的教科书实行统编统审统用，体现了中小学教科书"公共产品、集体智慧"特别是国家事权的属性。①

（二）坚持国家、地方和学校分级管理制度

在国家教材委员会指导和统筹下，我国中小学教科书实行国家、地方和学校分级管理制度，执行"凡编必审""凡选必审""管建结合""谁编写谁负责""谁选用谁负责"的原则。国家层面由国务院教育行政部门牵头负责全国中小学教科书建设的整体规划和统筹管理，组织制定国家课程方案和课程标准，组织开展国家课程教材的编写指导和审核，组织编写国家统编教科书，指导与监督各省

---

① 仇森，罗妍，代红凯. 新版《中小学教材管理办法》新在何处：基于新旧教材管理办法的比较研究[J]. 教育理论与实践，2021(32)：45-48.

份教科书管理工作。① 各省级教育管理部门或者成立教材处，或者明确教材管理牵头处室。国家、地方和学校各级教科书管理主体明确、职责明晰，基本构建了上下贯通、多方联动的分级管理制度。

为解决教科书建设没有专门机构、管理职责不清、制度不完善的问题，《管理办法》强调国家统一领导、分级负责，进一步明确国家、地方、学校教科书管理的职责权限。将"管理职责"单列一章，首次明确"在国家教材委员会指导和统筹下，中小学教材实行国家、地方和学校分级管理"，进一步明确"谁来管"和"管什么"的问题。针对省级教育行政部门教科书管理职能弱化的问题，进一步细化了省级教育行政部门在国家课程教材的选用、使用、培训与监测等方面应负的责任，并首次对学校在教科书管理方面提出明确要求，体现了鲜明的问题导向。

省级教育行政部门负责制定地方课程教材和校本课程教材的开发与实施指南，并建立审议评估和质量监测制度。省级教育行政部门在教材建设中，除了牵头负责本地区的中小学教材管理，指导监督市、县和学校课程教材工作；组织对国家课程教材的选用与使用工作，确保国家教材的全面有效实施；承担教学指导、骨干培训、监测反馈、队伍建设，以及相应工作机制的建设等职能外，地方课程教材的规划、开发、审核和管理是其重要职责所在。地方课程教材由省级教材审核机构审核，其中意识形态属性较强的教材还应送省级党委宣传部门牵头进行政治把关。地方课程教材的审核、选用办法参照国家课程教材的选用办法执行，须从省级教育行政部门公布的中小学教学用书目录中选用，选用的结果要在本级教育行政部门网站公示。

地方课程教材和校本课程教材有自身的功能定位，不能相互替代，更不能用

---

① 付宜红. 规范教材管理、使用，强化育人功能：我国中小学教材建设与使用相关政策规定梳理[J]. 基础教育课程，2020（2）：4-10.

其替代国家课程教材。地方课程教材应反映本区域的特色，因此理论上不宜做跨省使用；校本课程教材深深植根于学校，具有服务学校、依靠学校、植根于学校的特性，这是校本课程教材不同于国家课程教材、地方课程教材的根本特征。①校本课程教材体现的是本校的特色与历史、传统和学生需求，因此校本课程教材更不宜跨校使用。所以，国家明确规定地方课程教材原则上不得跨省，校本课程教材原则上不得跨校使用。地方和校本课程教材建设应从追求数量转向确保质量。

（三）构建教科书编写、审查、选用、出版和发行一体化机制

根据新形势、新要求，教科书建设加强全过程、全流程管理，完善教科书编写的制度建设，构建系统完整的一体化机制。

一是教科书编写修订要求。强调教科书内容的政治性、科学性、时代性和适宜性；提高了编写人员的思想政治标准，并要求党组织审核并进行公示，实行主编负责制，对主编在政治和学术方面提出更高的要求，彰显了教科书主编的重要性；实行单位编写制，即国家统编教科书由国务院教育行政部门组织编写，其他教科书由具备相应条件和资质的单位组建编写团队与人员把关，并要求编写单位按要求组建编写队伍，突出强调意识形态属性较强教科书的编写团队要求；实行教科书周期修订制度，鼓励编写出版单位对教科书每年一次提升性修订。

二是教科书审核审定机制。首先，坚持编审分离制度。我国教科书编写与审查，分离但一体。所谓"分离"，即编写者和审查者不能同时具备两种身份，审查者不得任职客户的主编、编写人员或编写顾问；所谓"一体"，即教科书编写者与审查者本质上构成一个有着同一愿景的大共同体，编和审都是为了一个共同的目标——高质量的教科书。这是教科书统编模式下可行且智慧的策略。这是党的教科书思想的具体化，是具有中国特色的且区别于西方的审查制度，其核心是

---

① 廖哲勋. 关于校本课程开发的理论思考[J]. 课程·教材·教法，2004(8)：11-18.

编审结合，以审促编，审查服务编写、促进编写、指导编写。我国的教科书审查没有简单模仿西方国家的所谓客观的第三方审查——完全中立于教科书编写之外，单纯为了评价判断教材能够通过或不能通过审查。我国的教科书审查既有审查评价判断功能，也有促进编写与指导编写的功能，审查者有时甚至直接参与指导修改和完善教科书。① 其次，规范审核机构。国家课程教材由国家教材委员会及其专家委员会审核，地方课程教材由省级教材审核机构审核。再次，审查环节分为初审、复审两个环节，将审定作为审核通过后的行政审批程序；要求必须初审、复审通过并履行行政审定程序列入教学用书目录后，才可正式进入选用、使用环节。实行政治审查、专业审查、综合审查、专题审查、对比审查的"五审"要求，强调严格执行重大选题备案制度和盲审制度。实行目录制度，审核通过的国家和地方课程教材经审定后分别列入全国和省级中小学用书目录。

三是创新出版、印刷、供应一体化产供销机制。教科书的出版、印刷与发行是一项事关社会稳定和教学秩序的重要工作，牵涉面广，需要建立一个完善的机制。教科书印刷供应中最具中国智慧的机制是教科书租型。② 所谓租型，是"由原创出版社将其所出版的教科书纸型或胶片，有偿租给各地出版机构，分地区印制，统一定价，分地区发行，分地结算亏盈。租型印制的教材版权页必须记载编著者、原出版者名称、所在地址和邮编，原出版者的版次；印次、印数应按照租型重印的数量统计；版权页上还应注明重印者、发行者、印刷者的名称，重印者所在地址、邮编和电话"③。这是出版社统一供应教科书纸型，各地出版部门以"租型"方式分散承印，就地供应学校，并按出版定价的一定比例向出租单位支

---

① 石鸥，刘艳琳. 中国共产党百年中小学教材建设的中国智慧[J]. 教育学报，2021（5）：73-86.

② 石鸥，刘艳琳. 中国共产党百年中小学教材建设的中国智慧[J]. 教育学报，2021（5）：73-86.

③ 课程教材研究所. 新中国中小学教材建设史（1949—2000）研究丛书：出版管理卷[M]. 北京：人民教育出版社，2010：75.

付专有出版权再许可权使用费的机制，解决了教科书印刷、运输和配送的大难题，满足了"课前到书"的要求。教育部依据法律法规及相关政策，规范教科书出版、发行流程，凡是教科书都要在审定后才能出版、发行，做到"课前到书、人手一册"；相关单位具备出版资质和发行资质，保证教科书编校质量，实施"绿色印刷"；因教科书属于公共产品，其定价要遵循"保本微利"原则。

案例 6 - 1

河南省克服疫情影响确保 1.37 亿册教科书全部发送到学生手中

为保障疫情防控期间中小学校网上教学和学生线上学习需要，河南省动员各方力量，千方百计把教科书安全、及时送到学生手中，全面助力"停课不停学"。截至 2020 年 3 月 10 日，全省 2020 年春季中小学 1.37 亿册教科书已全部发放到近 1800 万中小学生手中，中小学教科书到校率、到生率均实现 100%，圆满完成"课前到书、人手一册"任务。

提高站位，优化配发方案。根据教育部《关于认真做好疫情防控期间中小学教学用书使用工作的通知》要求，为满足新冠疫情防控期间中小学国家课程教材教学使用需求，河南省高度重视，省领导亲自部署，省教育厅多次召开会议，反复研究确定中小学教科书保障方案。2020 年 2 月 26 日，省教育厅下发《关于做好 2020 年春季学期中小学教材配发工作的通知》，要求各地教育部门与新华书店提高政治站位，科学统筹安排，在做好疫情防控工作的同时，坚持"一县（地）一案"，优化细化教科书配送、发放工作措施和流程，安全有序做好 2020 年春季中小学教科书供应保障工作。

多方联动，密切协同配合。河南省中小学学生总量大、教材版本多。面对复杂严峻的疫情形势，省教育厅、各级教育行政部门、学校与新华书店积极行动、全体动员，启动"逆行战斗"模式。一是建立协作机制。省、市、县统一指挥，部门间密切协同，围绕一个目标，紧盯一项任务，实现各部门、各环节无缝对接，全力保障春季中小学教科书发送工作。二是落实职责分工。由中小学教科书供应商负责按订数分别配送到区县和学校，各地教育行政部门和学校结合当地实际情况制定周密的发放方案，根据各自职责分工，落实落细教科书保障工作。督导组负责每日汇总报告工作进展，分工回访检查，实时协调解决教科书发送中遇到的困难和问题。三是调动各方力量。在乡村（社区）封闭、交通限行等极其困难的情况下，所有参与教科书发送的人员通过私家车、三轮车、电动车、步行等方式，把教科书送到每名学生手中。多地开通"送书下乡直通车"，组建"教科书发送服务队"，多家知名快递企业和社会爱心人士自愿加入教科书发送志愿服务中，为教科书发送工作提供了强有力支持。

精准施策，确保教科书"人手一册"。坚持"一校一策"，在精准收集掌握学生居住信息的前提下，区分不同情况，高效做好教科书的发送工作。一是优先保障偏远贫困地区无法下载电子版教材学生的用书需求。河南省教育厅将无法下载电子版教材学生的教科书发送工作放在首要位置，优先予以保障。由学校和新华书店打包分装统一配送至学生所在的乡镇，再由各乡镇志愿服务队将教材送到各村组，最后由村组干部或志愿服务人员分送到学生家中。二是有序保障城区和居住相对集中学生的教科书发送。城区学生教科书的发送由各学校和街道、社区、小区共同落实。三是逐一做好埠外学生教科书的发送。对寒假期间随父母或监护人在外地生活的中小学生，由所在学校教师联系沟通，在征得学生及家长同意的情况下，统一由学校以快递或邮寄等方式送达。四是严格采取病毒防控措施。在教科书配送、分发过程中，严密做好消毒和防护工作，落实"一人一袋"，维护疫情防控稳定大局。

国家教育行政部门对教科书编、审、用等各个环节提出相应纪律要求，具体为：①任何单位和个人不得干预教科书审核与选用；②教科书管理接受全社会监督，要求各级教育行政部门对教科书管理进行检查和督导；③教科书退出使用的五种情形以及其他等违规行为；④违规单位和个人的具体情形及其相应处理措施。此外，为加强对学校选用境外教科书、少数民族文字教科书以及数字教科书的管理，相关部门相继颁布了《中小学少数民族文字教材管理办法》《学校选用境外教材管理办法》《中小学数字教材出版基本流程》等。

（四）不断完善教科书管理保障制度

为解决教科书管理经费不足、人才匮乏、基础薄弱等问题，党中央不断加大对教科书管理的投入力度，不断完善教科书管理的保障制度。

第一，建立国家、地方、学校、出版单位等多方投入的教科书建设经费保障机制。中央财政持续、大幅增加经费投入，重点支持统编教科书、紧缺教科书建设和教科书基础研究。地方和学校按规定将教科书建设经费纳入本级预算，予以专门保障。积极引导各类教科书编写出版单位加大教材研发、编写、使用培训、跟踪监测等方面的经费投入。

第二，坚持培养和培训并举，加强教科书队伍建设。一方面，以重大研究项目、重点研究基地、高水平学科专业等为依托，培养造就高水平教材编审研团队和骨干力量。另一方面，支持高校、科研院所招收教材建设方向的研究生，加强紧缺人才培养，在国家研究生招生计划中予以安排。与此同时，调整评价导向，建立健全激励措施，将教科书编审作为工作量计算、业绩考核、职务评聘、职称评定的重要依据，将优秀教科书作为参评国家重大人才项目的重要成果，彰显把优秀教科书作为重要成果、把参与教科书建设作为重要优先事项的评价导向。

第三，加强平台建设，完善基础支撑。其一，分学科专业建立国家课程教材编审专家库，为国家重点教材建设提供稳定人才支撑。其二，加强教科书理论研究，教育部于2019年成立首批国家教材重点研究基地，目前教育部已启动第二批国家教材重点研究基地的申报工作。其三，推进教科书管理信息化建设，陆续建成网络审核系统、基础数据管理系统、质量监测平台、信息服务平台，为教科书管理提供有效的资源保障和科学依据。①

（五）尤为注重质量管理

质量是教科书建设的关键和核心，高质量的教育依赖于高质量的教科书。改革开放初期，提高教科书质量就已成为政府决策的关注点。党的十九大报告指出，我国已进入"高质量发展阶段"，高质量发展已成为各个领域内在的必然要求。教育的高质量发展应该满足人民群众日益增长的对公平优质教育的需求。

首先，开展优秀教科书评选工作，构建教科书质量激励机制。教育部明确提出落实国家和省级教材奖励制度，加大对优秀教科书的支持力度。国家教材委员会于2020年10月启动首届全国教材建设奖评选工作，该奖项是教材领域的最高奖，是展示教材建设服务党和国家人才培养成果，增强教材工作者荣誉感、责任感，推动构建中国特色、世界水平教科书体系的重要制度。全国教材建设奖每四年评选一次，由国家教材委员会主办、教育部承办，分别设全国优秀教材、全国教材建设先进集体、全国教材建设先进个人三个奖项。其中，全国优秀教材分为基础教育、职业教育与继续教育、高等教育三个大类。基础教育类获奖200项，其中特等奖3项、一等奖40项，其余为二等奖。这种奖励制度吸引了更多一流专家学者、学术领军人物参与教科书建设，有效带动了对教科书质量的重视。

其次，抓好重点教科书，尤其是意识形态属性较强的语文、历史、道德与法治三科统编教科书的质量。按照党中央部署，教育部组织编写了中小学统编三科教材，中央宣传部和教育部组织编写了马克思主义理论研究和建设工程重点教材。这些作为国家意志和社会主义核心价值观集中体现的教材统一编写、统一审查、统一使用，是落实党中央决策部署的必然要求，是把好教育系统意识形态关的战略选择，是提升教育质量的基础工程。一是编写环节需突出强调教科书内容

---

① 教育部教材局. 坚持加强党的领导 整体构建"五大体系"全面推进大中小学教材建设——"十三五"期间教材建设总体情况介绍[EB/OL]. (2020–12–24)[2022–09–08].

的思想政治性要求，强调教科书要贯彻党的教育方针、体现党和国家对人才培养的要求；二是审核环节需强化政治审核、专题审核，提出省级党委宣传部门要对地方课程教材和地方单位组织编写的国家课程教材进行政治把关；三是出版单位需认真执行政治把关，并严格执行重大选题备案制度；四是提高意识形态属性较强教材的审核层级，审核意识形态属性较强的国家课程教材是国家教材委员会的主要职责；五是加强对编审人员的政治思想把关，这不仅对教材本身的政治性、思想性提出了明确要求，也对教材编审人员的政治性、思想性提出了较高要求。

最后，建立教科书质量跟踪评价制度。教育部委托第三方评价机构定期对教科书使用情况进行跟踪评价，定期向社会发布教科书质量评估报告与教科书使用情况调查报告。教育部基础教育司 2010 年委托教育部基础教育课程教材发展中心在全国开展了一次中小学课程标准实验教科书使用情况调查。这是 1949 年以来最大规模的一次教科书调查，共调查 192 套教科书，占 212 套中小学教科书的 90.56%。调查对象覆盖全国 24 个省（自治区、直辖市）390 个县区的 27 万名学生与 11.8 万名教师，形成了 192 个教科书使用情况调查报告与 24 个学科的教科书使用情况调查报告。这次调查报告得到了教育部的高度重视与认可并将调查报告及时反馈给编写单位。①

当前，中国特色社会主义进入新的阶段，党和国家高度重视教科书建设，明确教科书建设是国家事权和铸魂工程。2020 年 11 月底，习近平总书记在给人民教育出版社老同志的回信中指出，"紧紧围绕立德树人根本任务，坚持正确政治方向，弘扬优良传统，推进改革创新，用心打造培根铸魂、启智增慧的精品教材"②。加强和推进教科书管理理论与实践研究，也是发挥教科书"培根铸魂、启智增慧"功能，落实立德树人根本任务的必然要求。当前中国的教科书建设正

---

① 李水平. 新中国教科书制度研究[D]. 长沙：湖南师范大学，2014：66.
② 习近平给人民教育出版社老同志的回信[EB/OL]. (2020 - 11 - 30)[2022 - 11 - 09].

处于独特的统编制与审定制并存的时期，在数字媒体与互联网时代，如何基于中国国情、利用中国特色社会主义制度优势，探索教科书管理的中国方案，是未来教科书管理理论研究与实践改革领域的重中之重。

二、部分国家教科书管理的基本经验

教科书是一种特殊的出版物，在基础教育阶段发挥着不可替代的重要作用，尽管一些国家的教科书管理制度不尽相同，但都十分重视教科书建设，系统梳理部分国家教科书管理的主要经验，有助于进一步深化我国教科书管理体制改革，建设高质量教科书。

（一）建立健全教科书管理制度

当前，从国家战略和国际竞争的高度重新审视和加强教科书管理已成为众多国家的共识，要重视管理制度的建立健全，依靠法律和相关法规、条例等规范教科书的编写、审查与使用。

二战后的日本教科书管理制度是建立在一系列相关法律法规的基础之上的，自 1947 年颁布《学校教育法》规定中小学教科书均采用"检定制度"以来，日本又颁布了一系列的相关法律法规来规范教科书的管理，如《独占禁止法》《发行法》《教科书无偿措施法》等。除了上述的法律法规外，文部科学省还专门制定了《学习指导纲要》（基本上每 10 年修订一次）和《教学用图书审定标准》，这是日本中小学教科书审查的主要标准。为确保教科书选择过程的公平公正，由多家教科书发行公司组建而成的教材协会制定了《禁止垄断法》，即禁止虚假宣传，反对任何诽谤和以权谋私行为。① 德国是一个联邦制国家，教科书的编写、出版、发行和选用由 16 个州自行管理，大多数州都制定了本州的教科书管理条

---

① 李芒，孙立会，村上隆一. 日本中小学教材管理体系及其发展趋势［J］. 比较教育研究，2021（8）：30-39.

例，没有制定管理条例的州也制定了相应的管理措施。通常各州教科书管理条例内容主要包括对教科书的要求，使用许可的审查、修改和学校对教科书的选择等，而一般不包括教科书的编写与出版。①

根据美国的宪法，教育事业由各州自行决定，中央政府原则上不加干预。教科书在市场上自由流通，由各州的教育委员会或学区自行选择，各州很少会颁布相应的法律来保障，一般是由各学校和各学区或是民间公共研究机构研究并制定相应的教科书标准。在英语语言习得和数学方面，大多数州采用了各州共同核心标准。其制定依据主要有大学和职业准备标准、K－12 标准、大众的意见反馈，以及研究其他国家的学生发展期望以及现有的相关文献。但是，近年来针对教科书市场出现的问题，各州的立法部门也出台了一些法律来干预教科书的出版。比如，加利福尼亚、田纳西等州将书包沉重问题列入了立法程序，并修改了本州教育法对教科书重量进行限制。因此，美国教科书标准顾问委员会经过三年的调查研究，重新修改了全美教科书生产标准《教科书生产标准细则》。通过改变教科书封面、采用新材料、改变用纸、减小幅面、把正本教科书拆分成若干册等方式，以减轻教科书的重量。②

教科书是学生成长的重要精神食粮，教科书管理要努力织密制度网，严格管理和把控关键环节，坚守道德和诚信底线，及时查明各种管理漏洞，完善监管防控机制，严惩各类与教科书相关的违规违纪行为，实行动态监测评估，以确保教科书管理朝着健康的方向发展。

（二）注重市场机制的调节作用

从各个国家的教科书制度特点和发展趋势来看，世界各国都注重市场机制在教科书的编写、出版和选用中所起的作用，提倡教科书的多样化和开放性。

---

① 《基础教育教材建设丛书》编委会. 世界主要国家教科书管理制度［M］. 北京：人民教育出版社，2005：57.

② 杨治平. 美国重新修订教科书生产标准［J］. 课程·教材·教法，2006（8）：91-94.

在美国、英国及日本等国家，对编写者的资格要求没有设置严格的限制条件，符合一定条件的任何机构和出版商（社）均可自主编写教科书。这样可以调动社会力量参与教科书编写的积极性，通过市场竞争编写出各具特色的高质量教科书，以满足不同地区、不同学校和学生发展的需要。因此，教科书出版商（社）有着强烈的危机意识，民间教科书出版社只有通过密切关注教育发展需求与教育研究的新成果，不断提高教科书的研制水平，才能在激烈的竞争中拥有生存之地。在美国，教科书出版社为了使自己的教科书能被更广泛地使用，在编写教科书时尽可能研究和参考许多州制定的课程标准，各大出版社皆拥有专业的教科书编写团队，包括相关学科专家、内容专家、图形艺术家、数字媒体开发人员等专业人员，逐渐形成了编写和出版高质量教科书的雄厚实力和独特风格。这种制度还促使教科书出版社在竞争的同时又为提高教科书的质量而携手合作。英国约100家教科书出版社联合成立了"教育出版社协会"，通过举办教科书展览等来推动教科书质量的提高。日本约70家教科书出版社联合成立了财团法人教科书研究中心，附设一个收藏世界各国教科书和教科书研究成果的图书馆。该中心近年来对世界各地教科书进行了全面的调查和比较研究，发表了大量有关教科书的研究成果。所有加入该中心的民间教科书出版社都共享该中心的资料和研究成果。这种制度让更多的出版社自由编写和出版教科书，然后由权威机构或部门对其进行严格认定或审定，最后由地方教育部门或学校自由筛选。它能够促使出版社为提高教科书的质量而竞争，促进教科书在内容和形式上的多样化和不断更新，同时还推动了教科书的理论研究。①

在教科书选用环节，避免单纯依靠行政命令指定教科书，充分发挥市场机制

---

① 沈晓敏. 世界各种教科书制度对我国的启示[J]. 全球教育展望，2001(9)：66-71.

的调节作用，保证高质量教科书进入课堂，杜绝不正当手段推销教科书。为了保证竞争的公正和教科书市场的有序，一些国家对出版商的行为制定了严格的规定，并对中小学选用教科书提供指导。因此，教科书市场竞争十分激烈，美国有几百家教科书出版社；英国虽然没有教科书专业的出版社，但却有400多家公司出版教科书；日本也有几十家教科书出版社。比如，在市场机制方面，美国中小学教科书出版受国家宪法和各州法令的规范，详细规定了中小学教科书的编制标准和规格，其宗旨是维持中小学教科书的质量；中小学教科书出版前有质量审定环节，即教科书编写和整体校勘后，出版公司编制出的教科书将作为市场样品，提交给评审机构，教科书审定后，接收来自学生、教师、学者和审查委员会的意见进行修订，再出版进入市场。

从世界各国教科书制度的特点来看，市场竞争与政府调控相结合是未来教科书制度发展的趋势。一方面在教科书的编写、出版和发行上注重发挥民间企业的积极性；另一方面政府通过颁布相关法律法规对教科书的编审、出版与发行进行必要的约束和规范。只有这样，才能既实现教科书的多样化、开放性，同时又能保障教科书的质量。

（三）强调教师的参与

教师是学校教学的主体和最了解学生的人，也是教科书的直接使用者。科学的教科书制度的建立必然离不开教师的参与，教师的参与会促进科学规范、民主的教科书制度的建立。世界各国都注重教师在教科书的编写、审查和选用等方面的作用。

在教科书编写队伍的人员构成方面，各国都鼓励教师参与其中。美国中小学教科书编写团队人数多达十几人以上。在教科书评价标准的构建方面，要充分考虑到教师的意见。在教科书的选用方面，很多国家都把教师作为教科书选择的主体。在美国，具体的审定工作一般由各州或学区的教育部门成立教科书选用委员会负责，成员包括各方面的代表人士，如教育官员、教学专家、社区领袖、校董、校长、教师、学生、家长等，其中教师是基本成员，比例最高；在俄罗斯，按照规定中小学教材的使用由学校教师决定，但是在实际操作中，教科书的选用权属于中小学校，通常由学校教师会议集体讨论决定。

（四）义务教育阶段采用教科书无偿使用

"义务教育阶段采用教科书无偿使用（包括无偿发放或无偿借用）制度是真正实现教育义务化、平等化的标志。这是各国公共教育制度所追求的理想。教科书无偿使用制度不仅符合了义务教育的理想，而且有利于提高教科书的编写和出版质量。"① 除俄罗斯外，欧洲和北美等国家也在义务教育阶段让学生无偿使用教科书。

美国大多数州实施义务教育阶段学生在校学习期间无偿借用教科书，但个别州对教科书无偿使用有一定限制。如伊利诺伊州和艾奥瓦州由学区投票决定是否免费提供教科书，而堪萨斯州只是对无力承担教科书费用者无偿供应。美国教科书基本上都比较厚重，内容翔实丰富，一本教科书一般可有连续 2 至 3 年的使用期限。德国教科书的选择权在中小学，教育行政部门无权干涉。教师或学校校长根据学科会议的建议决定学校教科书的选择和使用。一个州的学校可从本州文化教育部公布的教科书目录中选择教科书，也可由教师选择其他州出版的教科书。在义务教育阶段，德国有些州向学生无偿提供教科书，有些州则要求学生家长负担三分之一的教科书费用，把教科书租给学生使用，有的学生家长选择买下教科书以方便使用。在德国，一般情况下，一本教科书至少使用 3 年。英国中小学教

---

① 沈晓敏. 世界各种教科书制度对我国的启示[J]. 全球教育展望，2001(9)：66－71.

科书选择权在校长和教师手中。教科书由学校统一购买，免费借给学生使用。教科书使用年限一般为5至6年。法国情况与英国相似，小学和初级中学教科书免费供学生使用，教科书每4至5年更换一次。日本义务教育阶段采用教科书无偿发放制度，教科书由政府向出版社购买后无偿给学生使用。日本义务教育阶段学校一般以市或郡为单位选用同一种教科书，非义务教育阶段则不受此限。① 在实施教科书无偿供给的同时，日本特别关注提供其中蕴含的教育意义，教科书最后一页加印了希望学生珍惜免费供给图书的要求，其目的是培养学生强烈的社会责任感和奉献精神，并且能够帮助学生养成爱惜图书的习惯。②

综上所述，可以归结出各国教科书管理的共同趋势是：实行国定制的国家不断放权，引入竞争机制，给予教师、学生更多的选择权，期望建立比较自由的教科书编写、审定、出版、选用等制度，而自由制的国家则开始加强国家对教科书的控制，世界各国教科书都在向多元化、民主化、科学化和法制化的方向发展。

第二节 教科书管理的发展趋势

从教科书管理发展趋势来看，教科书管理制度并非凝固不动，而是随着社会经济情况的变化而变化的，各国教科书制度均在不断调整和改革中。③ 这种调整

---

① 课程教材研究所. 教材制度沿革篇：下册[M]. 北京：人民教育出版社，2004：987－988.

② 李芒，孙立会，村上隆一. 日本中小学教材管理体系及其发展趋势[J]. 比较教育研究，2021(8)：30-39.

③ 课程教材研究所. 教材制度沿革篇：上册[M]. 北京：人民教育出版社，2004：638.

与改革的基本情况大致是：一方面保持原有的主要管理制度，另一方面又出现了与原有制度相反的迹象，即实行国定制的国家开始实行审定制或认定制，而实行自由制的国家加强了对教科书的控制，在总体上呈现出从两级向中间靠拢的趋向。

一、重视理论研究：教科书管理理论创新

目前，对于教科书管理理论来说，必须完善以下三个方面，才能促进理论研究的发展与创新。

一是厘清基础理论。这是教科书管理理论研究面临的艰巨任务之一。前人的思想、管理学的研究成果都是极为丰富的，这是教科书管理理论的基石，需要研究者理性思考，厘清基础。到目前为止，教科书管理的理论基础究竟是怎样的？中西方古代的管理思想以及近现代的管理理论，究竟留下了哪些重要的遗产？学习苏联教育理论的几十年间，教科书管理方面到底形成了什么样的基础？改革开放以来介绍引进国外理论的努力，对教科书管理产生了哪些影响？西方国家教科书管理理论研究取得了哪些进展？对于这些问题，必须通过深入的研究才能给予回答。理论基础的厘清，能够为教科书管理学的学科发展扫清障碍，从而比较准确地找到教科书管理的出发点和落脚点，减少实践中的盲目性。这种理论研究工作，在教科书管理理论研究中已有先行者，但对于学科的发展和管理实践的需求来说，还是远远不够的；只有厘清基础理论，才能真正推动教科书管理学的发展。

二是满足教科书管理改革的需要。目前世界各国的教科书管理均处于不断调整与改革的阶段，在调整与改革的过程中，向教科书管理理论研究提出了大量的问题。教科书管理改革本身就是教科书管理学发展的重要基础，与常规的管理实

践相比，改革过程中所遇到的问题往往更为集中且更具有代表性，因此，对于教科书管理理论发展的促进作用更为直接。改革不会一蹴而就，改革是一项长期的、连续的、系统的工程，理论研究坚持为改革服务，不断研究与解决改革过程中的问题和任务，是教科书理论研究保持自身生命力的有利条件。

三是完善教科书管理学的理论体系。教科书管理是一项专业化的管理工作，要提高教科书管理效率，实现管理科学化，需要深入研究教科书管理规律，这样才能达到教科书管理的专业性。教科书管理学通过认识和理解教科书管理活动，揭示教科书管理规律，以完善教科书管理、推动高质量教科书建设为目的。然而，对于教科书管理，在不同的政治经济制度、文化传统与教育管理体制下，其表现与发挥的作用也不尽相同。教科书管理无固定的模式可依循，教科书管理制度无好坏之分，只存在是否适应本国国情的问题。因此，研究必须从特殊着手，只有立足于研究和解决中国的教育情况和教科书管理实践问题，才能真正有助于教科书管理学的理论体系发展。中国有着世界上规模最为庞大、最为复杂的基础教育体系，而这一体系几乎包含了教科书管理的各种问题。既有教科书免费供应、循环使用的尝试，也有国定制与审定制并存的编审制度，还有少数民族语言文字教科书与境外教科书的管理问题等。这样的教科书管理实践，实际上赋予了研究者独特的研究条件。因此，尽管中国在教科书管理学领域的研究起步较晚，但还是可以凭借这样丰富的管理实践对教科书管理学这一学科的发展贡献中国的智慧。就教科书管理学而言，理论体系的建立与完善既是教科书管理学自身应该承担的任务，也是具有生命力的研究领域，不仅关系到教科书管理学本身的繁荣与发展，更在教科书管理实践方向有着极为重要的价值。事实上，因为教科书管理理论研究的薄弱，我们还难以很好地解释说明多样化的教科书管理现象，难以很好地指导各种教科书管理实践，这种情况在国内外都不乏其例。

二、协调理论实践：教科书管理科学化

理论对实际的管理工作而言存在三种基本功能，其一是提供问题的分析参考框架，其二是提供分析和解决问题的一般模式，其三是在理论指导下的理性决策。[①] 但是，长期以来，教科书管理活动存在管理理论研究、政策、实践需求之间分离和冲突的问题，主要表现为，在大多数情况下，只重视教科书管理政策的贯彻与落实，而忽视教科书管理理论研究的进展和教科书管理实践的探索。很显然，没有管理理论指导的教科书实践，是盲目的实践；完全照搬管理理论而忽视教科书管理实际的实践，是僵化的实践；只考虑管理政策而不考虑管理理论、管理实际的实践，是既盲目又僵化的教科书管理实践。教科书管理理论、政策与实践三者之间应该是协调一致的关系。目前，对于教科书管理理论、政策与实践三者之间的统一关系已达成共识，关键所在是如何才能使三者之间协调一致。

首先，教科书管理理论研究应摒弃那种以"理性主义至上"和"知识建构"为旨趣的研究取向，而应基于教科书管理实践的变化与需求，转向"实践生成"取向，即深入探讨与解决研究当今时代教科书管理实践所面临的一系列新的矛盾、新的问题、新的现象，在这一过程中不断创新、生成、丰富教科书管理理论。其次，只要适当降低教科书管理政策的指令性而增加其宏观调控性，提出教科书管理理论的指导性，重视教科书管理实践的差异性，就能减少甚至避免教科书管理的盲目性和随意性，从而使教科书管理步入科学管理的轨道，遵循教育规律和管理规律，实现教科书管理的科学化。

---

① 张新平. 关于我国教育管理学发展中的五个问题[J]. 教育理论与实践，2001（1）：10–14.

三、实施依法管理：教科书管理法制化

依法治教已成为共识，相应地，教科书管理也应走上依法管理的轨道。目前，世界各国在教科书管理过程中虽然都制定了一系列管理办法，也颁布了相关管理条例，但总的来说还没有建立一套有效的管理法规，特别是在教科书的编写和使用上，制度还不健全。加强教科书管理的法制建设，依法管理教科书建设的各个环节，有助于消除教科书管理中的随意性和行政意志，有助于教科书管理沿着正确的轨道健康发展。① 教科书管理的法制建设是一项长期任务，推进教科书管理的法制建设，有助于实现教科书建设体系的现代化。教科书管理制度也不例外，要想运行规范，需要法律环境与配套政策的支持。

首先，教科书管理法制化是依法治教的必然要求。在传统管理的思维模式下，教科书管理相关法律法规不健全，管理者对相关法律法规并未有足够的重视。要想建设高质量的教科书体系，必须建立并完善教科书各个利益相关者的管理责任制度。其次，教科书管理的复杂性尤其需要教科书管理法制化。教科书管理工作是相对复杂和广泛的，同时涉及的管理内容也是方方面面的，科学规范的法治化管理会使教科书管理工作合理合法、顺畅有序。最后，深入贯彻教育改革精神，加强教科书法制建设，实行依法管理，重点解决好以下问题：一是要在现行教育法律制度的基础上，建立健全教科书管理的相关制度规范，确保教科书管理的各个环节做到依法管理；二是依据教科书管理自身特点，建立教科书专营法律，理顺教科书利益相关者之间的法律关系，厘清教科书不同主体的法律责任，加大教科书制度的归责力度，规范教科书审查程序，具有重大意义。只有通过法

---

① 　课程教材研究所. 教材制度沿革篇：上册[M]. 北京：人民教育出版社，2004：640.

律，才能明确教科书编写、审定、出版、发行、供应、选用、评价等各方面法人的法律责任，规范各个环节中法人的行为，以此促进教科书品质的提升和中小学教学质量的提高。① 另外，相关法律文本的表述用词要精确与简练，标准要统一与细致，实用性强，只有这样才能指导和规范教科书管理实践。

四、创新管理机制：教科书管理规范化

教科书质量可分为宏观质量和微观质量两个层面，宏观质量主要是指教科书体系和教材系列的质量，要受政治、经济、科技、文化、政策、知识网络、知识链设计、知识环设计等因素制约，实质上就是教科书结构优化问题；微观层面的质量指教科书编著、审定、编辑、印刷等质量。② 那么，如何提高教科书质量？教科书质量是各国教科书管理的重点关注领域，高质量教科书也是完善教科书管理的目标。其中，创新管理机制，实现教科书管理规范化是确保教科书有序、健康发展的必备条件。

第一，形成良性的市场竞争机制。竞争是市场主体为了实现其经济利益而进行的较量。竞争是基于机会均等的条件下，优胜劣汰、适者生存的机制，是教科书质量发展的强大推动力。良性的市场竞争应该具有以下三个特点：①竞争公平，在市场准入、生产要素获取、法律保护和政策支持等方面享有公平的竞争环境和平等的竞争机会；②竞争相对充分，消除阻碍进入和退出市场的各种行政性和经济性障碍，保证竞争相对充分；③竞争有序，有效规范竞争秩序，避免不正

---

① 李水平. 新中国教科书制度研究[D]. 长沙：湖南师范大学，2014：139.
② 曾天山. 教材论[M]. 北京：人民教育出版社，2019：178.

当竞争。① 教科书管理中引入市场竞争机制，其根本目的在于提高教科书研制质量。只有在市场机制下，才能打破垄断，形成有效的、良性的竞争机制，教科书研发者才能关注社会发展对教育的要求，满足学生发展的需求，才会不断更新教育理念，追求教科书的高质量和多样化发展。教科书研制质量的不断提高必然会带来教育教学质量的提高；反过来，教育教学质量的提高，也会促进教科书研制质量的提升。这样，各具特色且满足不同学校、不同学生需求的高质量的教科书体系方能产生。

以小学数学教材为例，2001 年教育部颁布了《全日制义务教育数学课程标准（实验稿）》之后，多家出版社以该标准为依据，组织新教材编写。其中最先进过国家审定的小学数学实验教材有北京师范大学出版社、人民教育出版社、江苏教育出版社和西南师范大学出版社的 4 套教材。2011 年，在进行广泛调研的基础上，数学课标又进行了修订，各大出版社纷纷根据新的课标要求编写了新的教材。在 2013 年公布的《中小学教学用书备选目录》中，通过全国中小学教材审定委员会审定的小学数学教材增加到了 7 套，各版教材也在相互竞争中不断提升自身质量。

第二，健全持续的质量监控机制。质量监控是指监控主体以监控和保证质量为目标，通过质量体系的建立与运行，实施监控与评价等一系列管理活动。任何监控机制都是一个特定的管理系统，一个由若干相互联系、相互作用的部分或要素为了某一共同的管理目标而结合成的具有特定功能的有机整体。② 要保障教科

---

① 杨发琼. 市场机制与企业竞争力：基于要素市场化配置视角［D］. 北京：中央财经大学，2021：16.

② 王华女. 多维视野下的基础教育课程质量监控机制研究［D］. 长沙：湖南师范大学，2013：32.

书质量，就需要建立健全一个持续的质量监控机制，尤其是对于审定后的教科书的有效监控。目前，大多数国家教科书管理的一种惯性做法是，教科书一旦通过审定，基本上就完成了所有的质量监控，没有从管理机制上为教科书搭建一张持续的、跟踪的质量监控网络，缺乏教科书审定结束后以及进入学校使用后的教科书监控。结果是教科书有准入门槛，没有过程监控。① 教科书质量监控机制应包含监控主体、监控对象、监控目标以及相关人员、信息等各种因素。就教科书质量监控主体而言，应包括政府、教育机构、教师、学生、家长，以及其他社会机构与人士在内的众多合法主体，成立第三方监控机构，该机构主要负责对通过审定并进入学校使用的教科书进行长期的跟踪评价以及持续的质量监控，发现问题即改正，若问题严重则退出教科书市场。值得一提的是，持续的教科书质量监控机制还应包括制定教科书淘汰和退出标准，建立有效的淘汰和退出机制，定期开展淘汰与退出工作，净化教科书市场环境。

2008 年 7 月，浙江省中小学教材审定委员会增设小学音像教材、中学文科音像教材、中学理科音像教材和综合学科音像教材 4 个中小学教材学科审查委员会，审定浙江省中小学教学的音像教材，包括教育教学类幻灯投影片、录音录像带、光盘软件、网络教育软件、辅助教学类课件、教材配套光盘磁带以及资源库等。2011 年 3 月，浙江省中小学教材审定委员会办公室组织浙江省音像教材审查委员会对拟定浙江省中小学的音像教材（辅助教育教学资源）进行了审查，共受理 25 家送审的 1095 种音像教材（辅助教育教学资源），审查通过 629 种。

---

① 石鸥，张文. 改革开放40 年我国中小学教材建设的成就、问题与应对[J]. 课程·教材·教法，2018(2)：18-24.

五、适应网络时代：规范数字教科书

当前社会已进入网络时代，网络无处不在，影响着社会的方方面面。随着数字信息技术的不断发展，我们可以预见，未来教科书的主要形态将会是数字教科书。数字教科书的发展急需理论的引领，亟待建立并完善数字教科书的研制规范、准入标准与退出机制。这些都是摆在新时代教科书管理者面前亟待解决的问题。

（一）数字教科书概述

当前，数字教科书的研发呈井喷式增长，国际上研究教科书的两个重要组织德国教材国际研究所和国际教材与教育媒介研究协会，都明确提出教科书研究的对象要从教科书的纸本形态向教育媒介转变。[①] 伯克（Annekatrin Bock）与弘尼（Thomas Höhne）提出了未来的教科书形式就是教科书媒介的多模态模式。传统的教科书媒介以书写系统为基础、以纸本印刷为载体、以书籍装订为主要形式，具有物理上的约束性；多以固定化书籍形态装订，难以进行搜索与重组，且一经印刷很难修改，容量有限，生产周期长，经济效益较低。相对而言，教育媒介形态的教科书则以数字基础设施为载体，具有获取灵活、更新快速的特点，容易进行搜索和重组。作为教育媒介的教材能超越文字、图画的呈现形式，纳入动画、视频、声音、立体形态等多维、多模态的符号形式；同时容量无限，较传统教科书，生产周期更短，经济效益更高。[②] 两者的比较具体如表6-1所示。

---

① Fuchs E，Bock A. The palgrave handbook of textbook studies［M］．New York：Palgrave，2018.

② Fuchs E，Bock A. The palgrave handbook of textbook studies［M］．New York：Palgrave，2018：66-67.

表6-1　传统教科书与教育媒介形态的教科书的比较

特征	分类	
	传统教科书	教育媒介形态的教科书
载体	纸本印刷	数字基础设施
形态	书籍化装订；以文字、图画为平面呈现	数字化；文字、图画、动画、视频、声音、立体形态等多维、多模态的符号形式
获取方式	物理性的翻页模式，很难进行搜索和重组	灵活的获取方式，可以搜索和重组
容量	有限	无限
生产周期	长	短
经济效益	低	高

那么，如何理解数字教科书的含义？数字教科书与传统教科书有何区别？数字教科书主要是指以信息技术为载体的、根据某一或某些标准编订的、系统地反映教育内容的、由教育主管部门（而不是技术部门）权威审定的教学材料。数字教科书管理是时代对教科书管理提出的新要求。2008年7月，浙江省中小学教材审定委员会增设小学音像教材、中学文科音像教材、中学理科音像教材和综合学科音像教材4个中小学教材学科审查委员会，审定浙江省中小学教学的音像教材，包括教育教学类幻灯投影片、录音录像带、光盘软件、网络教育软件、辅助教学类课件、教材配套光盘磁带以及资源库等。而那些市场开发的数字资源往往没有经过教育官方审定，不具备权威性，不被允许公开进入课堂供师生使用，仅仅靠市场、读者自愿发行使用。①

数字教科书是教科书家族中的一员，必须遵循课程标准等要求，有内容和目

---

① 石鸥. 重新认识数字教科书的本质、价值与关键特征[J]. 中小学数字化教学，2020(7)：5-8.

标的规定性。数字教科书有以下四个主要特点：一是面向个体学习的教科书，具有个性化的特征。纸质教科书是面向集体教学的文本，无法考虑学生个体的不同需要。随着时代的发展，社会对人才的个性化、独特性和差异性的要求越来越高，传统的纸质教科书难以应对这种挑战，而数字教科书在促进学生个性发展方面可以大有施展空间。二是数字教科书具有超时空性。由于载体的限制，纸质教科书只能容纳有限的内容，更新速度缓慢。某种意义上，数字教科书的容量是可以无限的，通过链接无限扩展资源。数字教科书的使用不受时间和空间的限制，学习者可以根据自己的需要，自定步调，随时随地学习。三是数字教科书具有互动性。数字教科书内嵌的语音、视频、辅助材料、习题交互式评价等支架系统，为学生自学提供了体验性强大支持。四是数字教科书的整合性，可以实现学科内部、跨学科等维度的整合，形成跨学科的综合教材，实现纵向学科内容和横向跨学科内容互通。

同时，数字教科书的发展存在亟待解决的关键问题，比如，数字教科书的质量参差不齐、开发技术标准不统一、推广与商业化如何监管等问题。

（二）规范数字教科书的建议

尽快制定数字教科书在选用、评价各个环节的监督管理制度与相关质量标准，构建高质量的数字教科书出版标准化体系，为数字教科书发展提供可靠保障。

第一，关于数字教科书编写管理。首先，建设一支结构化、多元化、专业化的高质量数字教科书编写队伍，其中包括相关学科、教育领域、出版行业、艺术、信息技术等不同领域的专家协作参与；其次，加强数字教科书研发的理论基础研究，探索数字视域下的建构主义理论、自主学习理论和互动教学理论等新型学习与教学理念，① 能够根据学生的认知规律和学习特点，结合数字技术对内容进行重新编排设计，实现数字技术与教科书的深度融合。最后，研制健全的数字教科书标准体系，加强数字教科书版权管理，严惩侵权行为，探索合理的数字版权授权模式。

第二，关于数字教科书审定管理。鉴于数字教科书的特点，首先，应建立健全数字教科书审查标准与程序。教育职能部门组织相关领域的专家严格按照相关标准进行专项审查评价，进一步完善审查的程序，严格审查教科书思想性和科学性，全面提升数字教科书内容质量。其次，利用技术手段创新教科书审查方式。针对数字教科书超链接等易变性、动态性的内容资源，组织专业技术人员进行网上审查监测，提高其审查、审定的频率。例如，建立网络监管审查平台，形成数字教科书资源信息库，利用人工智能、大数据等技术手段辅助人工进行数字教科书内容的安全监控定期审查，把一些错误的、过时的信息资源剔除。最后，建立一个由教育管理部门、教育信息技术部门与相关部门联合协作、权责分明的审定机构。

第三，关于数字教科书选用管理。规范选用管理制度，建立社会公众监督机制，公开选用过程。扩大选择主体，确保校长、教师、学生、民众多方参与，提高教师在选用过程中的重要地位。参与方式可以通过技术手段建立开放的网络投票平台，鼓励学生、家长、民众自由投票。另外，还可定期开展数字教科书展览会；完善数字教科书的评价规则和标准，制定协调内容与设备的评价标准，数字教科书的选用以评价结果为重要参考。

---

① 牛瑞雪. 我国数字教科书的研究现状、不足与掌握［J］. 课程·教材·教法，2014（8）：20−25.

　　第四，关于数字教科书评价管理。扩大数字教科书评价的主体，吸收不同领域的专业人员、利益相关者参与评价；建立数字教科书评价反馈机制，在研制数字教科书之前、之后以及使用的过程中，利用相关平台及时交流反馈；建立数字教科书质量更新机制，对数字教科书使用效果进行跟踪监测，设置评价反馈功能区，教师和学生可以在线进行评价反馈，从而使教科书编写者和出版商获得教科书评价的动态信息并及时发现数字教材存在的问题，及时修正。①

---

　　① 饶菲菲，杨彦军. 数字时代我国中小学教材管理制度现状与挑战[J]. 中国教育信息化，2019(16)：1-6.

后记

　　著名管理学家德鲁克曾说过："20 世纪管理学的兴起，是历史上的重要转折。它代表着社会的重大转型——步入一个多元的机构型社会，管理者就是其中的有效器官。"高质量的教科书依赖于教科书管理功效的充分发挥。因此，深入研究教科书管理理论是研制高质量教科书的可靠保证。但长期以来，学术界缺乏对教科书管理理论的系统研究，教科书管理研究落后于教科书管理实践的发展。尤其是进入 21 世纪以来，随着教科书多样化、数字化的发展，教科书改革步伐加快，加强教科书管理研究的呼声更加迫切。加强和推进教科书管理研究，是进一步发挥教科书管理功能，深化落实立德树人根本任务的必然要求。本书站在我国教科书管理实践发展的基础上，旨在通过全面系统地探讨教科书管理的理论和方法，推进教科书管理的科学化和规范化，提升我国教科书管理的水平，力图构建符合我国国情的教科书管理理论体系。其中很多内容的思考尚不成熟，唯愿起到抛砖引玉之用。

　　特别感谢恩师石鸥教授的信任、鞭策与督促，如果没有恩师的精心指导与帮扶，这本书很可能会成为不可能完成的任务。感谢石门兄弟姐妹的鼓励，在石门这个充满爱的大家庭里，在教科书研究中，我很享受！我很幸福！还要感谢我的学生张瑞、王一儒、宁培玥、张可心，她们协助查阅整理了相关资料，程静、孙艺琦、张明珠校对了书稿，付出了辛勤劳动。

　　"嘤其鸣兮，求其友声"，教科书管理实践与理论研究的需要，将引导我们为此继续深思。

刘学利

2024 年 6 月